日本消滅——その防止のために——

堀井純二

はしがき

『日本消滅』という表題を見て驚かれた方も多いのではと思われる。が、決して奇を衒った訳ではない。将来においてその可能性が現実の問題として存在するのである。そうならないための方策を今講じなければいけないとの思いから、警告の意を込めてこのような題名としたのである。

第一章は、その章題の通り日本が消滅する可能性について論じたものである。すなわち現状のまま推移するならば、皇位継承者不在という事態が生じかねないところから、それを生じさせないための方策を今講じなければならないことを述べたものである。

第二章は、我が国の国体が如何なるものであるかを述べ、その「国体」と「政体」との違いを述べたものである。附篇は、その国体を問題とした場合に必ずといってよいほど批判的立場から揚げつらわれる「皇国史観」について、「皇国美化史観」と「皇国護持史観」の二つが存在することを論じたものである。この皇国史観について論じた部分は、本年の一月、永楽倶楽部において日本文化研究会の方々に話した内容の原稿であり、田中卓博士の『平泉史学と皇国史観』（青々企画発行）に基づいて作成したものである。

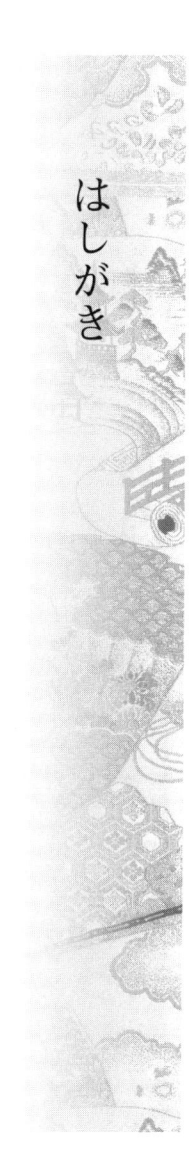

第三章と第四章は、歴代天皇の御聖徳について述べたものであるが、かつて『かしはら』平成二十一年正月号と『時事評論石川』平成二十三年六月号に掲載したものであり、重複する部分が存在する。本来ならば、両者をまとめて一つの章とするべきところであるが、時間的余裕のないことと、それぞれ思い出のある原稿であるところからそのままとした。御寛恕をお願いするところである。

第五章と第六章は、皇統護持に命を懸けた人々の代表として和気清麻呂と楠木正成について記したものである。前者は雑誌『日本』第四十八巻第一号（平成十年一月号）に掲載したものである。一方後者は本年八月日本学協会主催の第六〇回千早鍛錬会における講話原稿であるが、日本を消滅せしめないため、我々自身がこれら先哲の意思を継承して行く覚悟を持つ一つの縁ともなればと思い加えたものである。

第七章は、昨年内閣府が国民に女性宮家創設に関する論点整理を発表し、広く国民に意見を求めた時に提出した意見書である。簡潔を旨としたために意を尽くさない点が多いが、皇統護持のための具体策の一つとして述べたものである。

第八章は、雑誌『日本』第六十三巻第九号（平成二十五年九月号）に掲載したものであるが、最近の週刊誌などの皇室、特に皇太子妃に対する誹謗中傷記事の氾濫に対して、嘗ての「風流夢譚」事件における先人の対応を振り返り、今日これらに如何に対応すべきかを読者に問うた一文である。

なおそれぞれの発表時には歴史的仮名遣いを用いたものも、現代仮名遣いに統一した。

今年は伊勢の神宮では第六十二回の式年遷宮の年を迎え、十月二日には皇大神宮（内宮）において、五日には豊受大神宮（外宮）において無事遷御の儀が執り行われた。が、この遷宮は昔より「皇家第一の重儀」として執り行われてきたものであり、すべて天皇陛下の御指示により執り行われてきたものである。そして遷御の時刻には天皇陛下は自ら神嘉殿の南庭に出御して、神宮を遥拝されるのである。それは天皇陛下御自身が皇祖天照大神の遷御を行っておられることを意味しているのである。つまり神宮の式年遷宮の主体者は天皇陛下なのである。ということは、天皇という存在が無くなるならば、神宮の遷宮も消滅せざるを得なくなるのである。遷宮だけではない。神宮そのものも、その存在基盤を失うことになり、単なる過去の遺物としての価値しか認められなくなるのである。しかもそれは神宮だけではない。今まで皇室と何らかの関係のあったものは総べて過去の遺物と成り果てることになるのである。

つまり皇室の存在が無くなるということは、これまで我々の祖先が営々と培って来た日本人の生活・文化の総てが否定されるということになるのであり、当に日本消滅とならざるを得ないのである。そのような日本消滅の時を齎さないためには、今は皇室典範を改正して皇族の数を如何に増加させるかが喫緊の課題である。この課題を解決するために、この小冊子が何らかの働きをなすことができればと念願するのみである。

平成二十五年十月七日　橋本景岳先生刑死の日に

景楠堂人　識

目次

第一章　日本消滅

かつて『日本沈没』という小松左京氏のＳＦ小説があった。その小説は大幅な出版部数を誇り、映画化もされ、テレビ放映やラジオ放送もされるなど人気を博したものであった。それは日本列島の乗っているプレートが崩壊し、日本列島が海底に沈没してしまうというものであった。しかし、それはあくまでも小説であり、架空の話であり、現実のものではなかった。しかし、今、現実の問題として日本は消滅する危機に瀕しているのである。このようにいうと、人は「そんなバカな」というであろう。確かに今直ちに日本消滅という事態になることは考えられない。しかし今から百年以内にそうなる可能性、危険性があるのである。それは何故か。といえば、それは皇位継承者が無くなる可能性、危険性を払拭しきれないからである。

周知のように現在の日本国憲法では、第一章が「天皇」であり、第一条は、

> 天皇は、日本国の象徴であり日本国民統合の象徴であつて、この地位は、主権の存する日本国民の総意に基く。

と記され、以下第八条まで天皇に関した規定がなされているが、第二条では、

皇位は、世襲のものであつて、国会の議決した皇室典範の定めるところにより、これを継承する。

と定められている。そしてその皇室典範では第一条に、

皇位は、皇統に属する男系の男子が、これを継承する。

と男系男子による継承を規定し、皇位継承の順も定められているのである。その順位によれば、第一位は皇太子殿下、第二位は秋篠宮文仁親王、第三位は秋篠宮家の悠仁親王、第四位は常陸宮、第五位は三笠宮、そして第六位は桂宮（三笠宮第二子）となっている。このように見てくると、皇位の継承には何ら心配はないと感じられるのであるが、第四位の常陸宮正仁親王は天皇陛下の弟君であり、お子様はおられない。また三笠宮崇仁親王は天皇陛下の叔父君であり、御高齢である。さらに桂宮宜仁親王は天皇陛下の従兄弟であり、御病弱であるうえに未婚である。ということは、今後の皇位継承を考える場合には、第三位の悠仁親王までしか考えられないのである。しかも悠仁親王が現典範に従って即位されるころには男子の皇族としては悠仁親王以外には存在しないということになるのである。

現在皇族としては、天皇・皇后両陛下以外に皇太子家三名、秋篠宮家五名、常陸宮家二名、三笠宮家五名、高円宮家四名、桂宮家一名がおられる。が、上記の六名以外はすべて女性である。しかも次世代に活躍されるべき方々八名は総てが女子なのである。現在の皇室典範の第一二条は、

皇族女子は、天皇及び皇族以外の者と婚姻したときは、皇族の身分を離れる。

とされている。現在三笠宮彬子女王を始め、多くの方が結婚適齢期を迎えておられる。ところが現在それら八名の女王・内親王のお相手となる男子の皇族はおられないのであり、一般国民との結婚以外

考えられないのである。ということは現在の規定では結婚されれば皇族の身分を失われることになるのである。それは悠仁親王が結婚され、多くの親王・内親王に恵まれなければ、悠仁天皇時代には天皇を支える皇族がおられないということを意味しているのである。その極端な場合が、親王が子供に恵まれない場合である。そのようなことになった場合、皇位の継承は行うことができないことになるのである。

日本は以下の章において述べるように、皇室を戴いて歴史を刻んできた国である。その皇室が無くなるということは、日本の滅亡、つまり日本消滅である。あるいは日本という国名は残るかもしれない。しかしそれはもはや天皇を戴く日本では無い。アメリカのような大統領制の国家か、あるいは北朝鮮のような独裁制の国家か、いずれにしても現在の日本は消滅し、新たな国家の誕生とならざるを得ないのである。

そのような現在の日本を滅亡させて新たな国家の設立を目論んでいる勢力が、現在の日本には存在している。その代表が日本共産党（以下共産党）である。共産党は、平成十六年一月十七日の第二十三回党大会で改訂した「日本共産党綱領」で、

現憲法の前文をふくむ全条項をまもり、とくに平和的民主的諸条項の完全実施をめざす。

と記し、特に天皇条項については、

天皇条項については、「国政に関する権能を有しない」などの制限規定の厳格な実施を重視し、天皇の政治利用をはじめ、憲法の条項と精神からの逸脱を是正する。

とし、

党は、一人の個人が世襲で「国民統合」の象徴となるという現制度は、民主主義及び人間の平等の原則と両立するものではなく、国民主権の原則の首尾一貫した展開のためには、民主共和制の政治体制の実現をはかるべきだとの立場に立つ。天皇の制度は憲法上の制度であり、その存廃は、将来、情勢が熟したときに、国民の総意によって解決されるべきものである。

と、柔軟な表現を使っているが、これは衣の下に鎧の見える表現であり、その結党以来の「天皇制打破」の党是は廃棄していないのである。共産党は日本国憲法制定の帝国議会審議においては天皇条項があることを理由として制定に反対を唱えた唯一の政党であり、かつては「天皇制打破」を正面に掲げていたのである。それが現在は戦略上、それをオブラートに包んで日本国憲法擁護を唱え、福島原発事故以降は、保守主義者をも同調させるように原発反対・原発廃止を声高に主張しているのである。最近の各選挙において共産党が躍進しているのは、その戦略が功を奏しているのであるが、一般国民は共産党の本質を認識せず、自民党に対抗できる勢力として共産党に投票しているのである。しかし共産党の本質は、あくまでも天皇制の打破であり、共和政体の樹立である。そのような共産党にとっては、皇位継承者がいなくなるという状況は、願ったり叶ったりである。

平成十八年、小泉内閣において皇室典範改正の為の諮問委員会が設置され、女性天皇また女系天皇容認が報告された。しかし、それには保守陣営とみられていた人々からの反対意見が多く出された。そのために政府が典範改正に踏み切れないでいる時に、秋篠宮家の紀子妃殿下御懐妊の発表がなされ、事は沙汰止みとなり、悠仁親王の御誕生で人々は次次世代までの皇位継承が約束されたことに安堵して、皇位継承問題に関する皇室典範改正は雲散霧消してしまったのである。

しかし典範の問題は第一条のみではなく、第一二条の皇族女子の皇籍離脱問題が存したのである。現在の規定では八名の皇族女子は結婚を期として皇籍を離れられることになる。そうなると将来悠仁親王以外に皇族がおられないという問題が生じることになる。そのために平成二十四年、野田内閣は女性宮家創設について十二名の有識者からヒヤリングを行い、賛成八名、反対四名という結果を得たのである。政府が直ちに典範改正手続きを取れば、女性宮家創設は実現できたと思われるが、政府は「論点整理」と称して国民からの意見聴取ということを実施した為に、反対派は一人が二千回も意見表明したり、組織的反対意見のコピー洪水を起こすなどし、意見集約は不可能となった。加えて、それと前後して行われた衆議院選挙の結果、野田政権は崩壊し、政権は男系主義者の安倍晋三内閣に替り、女性宮家創設は烏有に帰すことになった。

女性天皇また女性宮家反対派の人々は、皇統は男系男子で相続されるべきと主張し、戦後（昭和二十二年十月十四日）占領軍の強制により皇籍離脱させられた旧宮家の方々の復活を強調される。が、それら旧宮家の中で、将来宮家として存続される可能性のあるのは、日本会議より配布された旧宮家系図によると旧賀陽宮家と旧東久邇宮家だけである。以外は御子孫がないか、女子のみ、または未婚の三十代以上の四名の方々であり、宮家としての復活はしても永続することが困難な状況にある。また一旦一般国民となった旧宮家の復活には君臣の秩序を破壊することになるとする強力な反対意見も存在する。

皇室典範の問題はそれのみではない。典範は、その第九条において、

天皇及び皇族は、養子をすることができない。

と規定している。そのために戦後存続が認められた秩父宮家、高松宮家は後継者が無く断絶し、今また常陸宮家と桂宮家もそうなる運命にある。先に述べた女性宮家の創設と合わせ、現在の皇族女子による宮家相続、すなわち女性宮家の創設が認められるならば、三笠宮家・高円宮家・秋篠宮家は存続することになる。それと共に養子が認められれば、常陸宮家及び桂宮家に皇族（女性皇族）から養子を迎えることができるのであり、両宮家の存続も実現することになるのである。

第二次安倍内閣は皇室問題を封印し、アベノミクスなる経済政策に集中している。しかしそうしているうちに女性皇族は結婚により皇籍を離脱される可能性が高い。そうなれば女性宮家創設は不可能となる。一方旧宮家の復帰についても、それぞれの旧宮家の復帰についての意思確認も為されないままに復帰を実現することは問題であり、絵空事といわねばならない。また意思確認をした場合でも、復帰を拒否された場合どうするのかということも考えなければならないのである。

皇學館大学元学長の田中卓博士は同氏著『愛子さまが将来の天皇陛下ではいけませんか―女性皇太子の誕生―』（幻冬舎新書）二五八頁に於いてイソップ寓話集の「獅子と熊と狐」を引用して、

男系、女系で激しい論争をしている間に、もはや悪賢い「狐」に当たる〝天皇制廃止ないし無関心〟論者が、ボツボツと姿を現してきているのを、私は実感している。一体、論争の目的と本質

は何なのか、それを互いに反省し、解決を急がねばならないと思う。

と警告されている。私も、共産党をはじめ日本破壊を企てる者たちが、皇位継承論争を利用して、皇位継承者不在の状況を作り出そうと蠢いているように感じる。彼ら悪賢い「狐」の計略に嵌まり、皇位継承者不在の状況を生み出し、日本消滅となるのを防ぐために、我々は今、教条主義的論争を乗り越えて、「皇室典範」を改正し、女性天皇・女系天皇を含め、あらゆる方策を是認して皇族の増加（宮家の増加）の実現に努力しなければならない。すなわちその改正は、将来を制限するものではなく、如何なる事態にも対処できうる柔軟なるものでなければならない。しかもその改正実現は緊急を要するのである。

第二章　国体と政体　附　皇国史観について

国体と政体

今日「国体」といえば、毎年開かれる「国民体育大会」の略称と考えられている。しかし、かつては「国体」といえば、国家の形態・本質、すなわち「国がら」を示す言葉として重視されていたのである。今日では「国民体育大会」の略ではないことを表明するために、正字の「國體」を用いる人もいるほどである。それ程に、今日では正しい意味としての「国体」という言葉が忘れられているのが現状なのである。

では正しい意味としての「国体」とはいかなる意味を持つものであろうか。今小学館発行の『日本大百科全書』をみるに、

憲法学や国家学で主権の所在によって区別される国家形態のことをいう。主権が君主にある君主国体と、主権が国民にある共和国体の区別である。

と説明されている。この国体という言葉は『漢書』成帝紀に、

故きを温ねて新しきを知り、国体に通達す。故に之を博士と謂ふ。

とあるのを出典とするが、国体とは国がら、国の成り立ち、状態を指す言葉なのである。この言葉が我が国において何時から用いられてきたか、今直ちに明らかにすることはできないが、江戸時代に用いられていたことは確実である。すなわち元禄九年（一六九六）水戸藩においては『大日本史』編纂にあたり、「薨・卒・死の書法」について中村顧言・安積澹泊・大串元善・佐々宗淳の間で意見の交換があった。その中で佐々宗淳は『令』の規定に従うべきであることを主張し、

上古より称し来り候事を今改め候は実録にて之無く候、悉く異邦の史のごとくに書き申したきとては国体をつくりかへねばなり申さず候、朝廷の恒典を私に改め申し候と、異邦の史法に合ひ申さず候とはいづれを軽重とすべきや、言はずしてしれたる事にて候。

と述べているのである。つまり佐々宗淳は国体という言葉を国がら、国家の在り方と解していることが理解されるのである。

明治に入ってからは明治二十三年に発布された「教育に関する勅語」（教育勅語）において、

我が皇祖皇宗国を肇むること宏遠に、徳を樹つること深厚なり。我が臣民克く忠に克く孝に、億兆心を一にして世々厥の美をなせるは、此れ我が国体の精華にして、教育の淵源亦実に此処に存す。

と皇祖皇宗、すなわち天照大神以来の歴代天皇が徳によりこの国を統治されてきたことと、国民が忠

孝の精神を顕現してきたことを以て「国体の精華」と称されているのである。これは吉田松陰が『士規七則』の第二条において、

凡そ皇国に生れては、宜しく吾が宇内に尊き所以を知るべし。蓋し皇朝は万葉一統。邦国の士夫世々禄位を襲ぎ、人君は民を養ひて、以て祖業を続ぎたまふ。臣民は君に忠にして、以て父の志を継ぐ。君臣一体、忠孝一致。唯だ我が国を然りと為す。

と述べているところであり、これが我が国の国体なのである。

言葉を換えれば、我が国ははるか昔に神武天皇により建国されて以後、今上天皇まで百二十五代連綿として存続してきた国であり、天皇はその間、国民を第一と考えて政治を執られ、国民はその天皇に仕えてきたのである。その建国の時期については『日本書紀』では辛酉年春正月庚辰朔とされており、それは西暦紀元前六六〇年正月に当たるが、それは讖緯説により年代が延長がなされた結果であることが知られており、実際の建国は西暦紀元とほぼ同じころであろうと考えられている。が、そうとしても我が国は二千年にわたり永続してきているのである。

今日、世界には約二百の国が存在している。それらの国の中で二千年に及ぶ歴史を持つ国は、日本をおいて他には全く存しないのである。よく「中国四千年の歴史」といわれる。しかし今日存在している中華人民共和国は、昭和二十四年に建国された国家であり、僅かに六十四年の歴史しかないのである。確かにかの地域には黄河文明以来の文明は存在するであろう。しかしながら、そこで展開されたことは、国家の興亡であり、我が国のように一つの国家の生成発展の歴史ではないのである。

因みにシナ（今日中国と呼んでいる地域名としては秦が語源であるシナを用いるのが相応しいのであり、英語のチャイナも同一語源である。）の伝承では堯という聖人が統治していたが、堯はその位を舜という有徳者に譲った。舜もまた禹という有徳者に位を譲った。禹も有徳者に譲ろうとしたが、人々はその子供に天子の位を継承させ、ここに夏王朝が成立したのである。その夏王朝は第十七代桀王が暴虐であったために臣下の商の湯に追放され、湯は商（殷）王朝を設立する。その殷王朝は三十代の紂王が暴虐であったために諸侯の周の発によって討伐された。発は武王と称し周王朝を開いた。その周王朝が衰えていく中、いわゆる春秋・戦国の混乱期を経て、秦の始皇帝により統一された（BC二二一）が、その秦は僅か十五年で滅び（BC二〇六）、劉邦による漢（前漢）王朝が成立（BC二〇二）した。漢王朝はAD八年まで存続したが、王莽により滅ぼされ、新王朝となった。新王朝は二十三年に倒され、漢王朝が復活した。その後漢は二二〇年まで続いたが、魏に滅ぼされ、以後魏・呉・蜀の三国時代となるが、晋により統一された。しかし、その晋王朝の力は弱く、異民族の侵入により滅ぼされ、一族が揚子江沿岸ににおいて国家の命脈を維持し（東晋）、黄河流域の異民族国家と対立して行った。東晋はやがて宋に替り、以後さらに斉・梁・陳となる。一方黄河流域も五胡十六国の時代を経て北魏により統一されるが、その後分裂・王朝交替を経て、隋により南北朝は統一された（五八九）。しかし隋王朝は六一八年には李淵により滅ぼされ、新たに唐王朝が成立する。その唐王朝は九〇七年まで存続するが、その後は五代といわれる分裂時代を迎えた。それを九六〇年に統一したのが宋王朝（北宋）であるが、宋王朝は異民族の侵入に悩まされ、一一二六年、金によって滅ぼされる。が、欽宗の弟が揚子江沿岸地域を維持・支配した（南宋）。しかし、それも一二七九年には蒙古民族によって滅ぼされ、蒙古民族の元王朝の支配となる。その元が一三六八年に蒙古高原に撤退した後、朱元璋により建国されたのが明王朝である。その明は一六四二年、李自成によって滅ぼされるが、その直後、満洲民族の清が李自成を倒し、シナ全土を支配したのである。その清王朝は一九一二年、辛亥革命により倒され中華民国となるが、一九四九年には共産党による中華人民共和国に替り現在に至るのである。これが「中国四千年の歴史」の実態である。

これに対して我が国は神武天皇の建国以来二千年にわたり、革命無く国家を存続させてきたのである。我が国において従来「国体」が強調・重視されてきたのは、この世界に比類なき歴史を有する日本の特質を明瞭に示す言葉であったからに他ならないのである。

一方この「国体」とよく似た言葉として「政体」という言葉が存在する。これは政治の形態を現す言葉であるが、我が国の場合、「国体」は上述のように天皇による統治という原則を維持している姿を指すのに対し、「政体」は、その時々の政治の仕組み、形態を意味しているのである。

我が国の場合、天皇親政の政治が本来あるべき姿であるが、時代の変遷の中で天皇親政が実現できなかった時代も多くあった。古くは豪族たちの専権時代があり、その行き着く所、蘇我氏による皇位の窺覦となったのである。

その蘇我氏は中大兄皇子等により倒され、天皇親政に復したが、やがて平安時代には藤原氏による摂関政治、上皇による院政となり、鎌倉時代以後は武士による政治が建武中興の一時期を除き江戸時代の終了まで続くことになる。すなわち直接政治を担当する者は、藤原氏であり、上皇であり、はたまた源・北条・足利・徳川氏であり、その政治の形態は摂関政治であり、院政であり、幕府政治とさまざまであった。しかしながら、「政体」は変わっても、天皇は常に存在されていたのである。そして明治維新となり再び天皇親政に復したのである。それは国体が維持されてきたからに他ならないのである。

戦前文部省は「國體の本義」を出版し、また国体明徴運動なるものも起こった。その「國體の本義」においては我が国の国体について、

大日本帝國は、萬世一系の天皇皇祖の神勅を奉じて永遠にこれを統治し給ふ。これ、我が萬古不易の國體である。

と説明し、

この大義に基づき、一大家族國家として億兆一心聖旨を奉戴して、克く忠孝の美徳を發揮する。これ、我が國體の精華とするところである。

と述べるのである。すなわち国体とは天壌無窮の神勅を受けて天皇がこの国を統治されることを意味するのであり、国民はその国体維持のために忠孝の美徳を発揮してきたことが国体の精華であるというのであり、先に引用した吉田松陰の「士規七則」第二条こそがそれを端的に示したものなのである。しかしそれは歴史上常に発揮されてきたのではなかった。ところがそれが常に発揮されてきた如く説く超国家主義的な歴史の観方が戦前には行われた。

皇国史観について——護持史観と美化史館——

世にこの国体を強調する超国家主義的な歴史観として「皇国史観」の存在が指摘される。以下「皇国史観」について述べることにしよう。

今日「皇国史観」という言葉はほとんど聞かれなくなった。もちろん今日と雖も使っている人もある。例えば工藤隆という国語学者は最近の『古事記誕生』の中で、

「万世一系」の観念が戦前の「皇国史観」の柱になった。

といっている。また小堀桂一郎東大名誉教授は『萬世一系を守る道』で、後鳥羽上皇の承久の変を「上皇の私意」として批判する中に於いて「いはゆる皇国史観の立場に立つ人」という表現を使っている。更に八幡和郎という人は一昨年「扶桑社新書」の一冊として『皇位継承と万世一系に謎はない—新皇国史観が中国から日本を守る—』という書物を出している。しかしこれらはごく稀な例であって、今日ではほとんど見られなくなったといってよいと思われる。しかし十数年前までは多くの人々が戦前批判の合言葉として皇国史観という言葉を用いていた。少し古いが、例えば昭和五十八年には岩波ブックレットの一冊として永原慶二氏が『皇国史観』という書物を発行しているが、それは皇国史観を「超国家主義の歴史観」として断罪したものである。その中で永原氏は「皇国史観とは誰々によって形成されてきたものなのかを問いなおすと、正確に答えることは存外むつかしい」としている。そ

の皇国史観という言葉は何時頃から使われだしたのかということを調べられたのが、元皇學館大学学長の田中卓博士である。博士が調べられたところでは、「皇国史観」の名称を論文名や著書名にしているものとしては、

小沼洋夫氏「皇国史観の確立と『国史概説』」（雑誌「文部時報」昭和十八年五月十日、文部省発行）
吉田三郎氏「皇国史観」（雑誌『教学』国民精神文化研究所編輯、昭和十八年六月号、畝傍書房発行）
肥後和男氏「皇国史観」（雑誌『知性』昭和十八年十一月号、河出書房発行）
紀平正美氏著『皇国史観』（昭和十八年十一月三十日、皇国青年教育協会発行）
原田敏明氏「皇国史観」（雑誌『文化日本』第八巻一・二号、昭和十九年一・二月発行）
板沢武雄氏著『皇国史観』（昭和二十年、文部省教学局発行）

が存在する。その他同様の著書として板沢武雄氏に『天壌無窮史観』（昭和十八年十月十日、日光書院発行）がある。これらの著書・論文の発行がいずれも昭和十八年以降であることは注意されなければならない。しかもその最初の論文は「文部時報」に発表されたものであるということは、この「皇国史観」というものは文部省により提唱されたものではないかということである。戦後この皇国史観批判の立場をとる人々が皇国史観の代表的著作として挙げるのは文部省により昭和十八年に編纂された『国史概説』である。今その内容を一々取り上げることは省略するが、その同じ十八年度から使用されることになった『初等科国史』の記述の一例を挙げることにしよう。次に掲げたのは昭和十八年二月十七日発行の『初等科国史　上』の和気清麻呂についての記述の全部である。比較のために下段に

昭和十五年二月二十七日発行の「小学国史　上巻」の記述も記しておく。

　奈良の御代御代は、かうして、平和のうちに過ぎて行きましたが、ここに思ひがけないことが、国の中に起りました。それは道鏡といふ悪僧の無道なふるまひです。道鏡は第四十八代称徳天皇の御代に、朝廷に仕へて政治にあづかつてゐましたが、位が高くなるにつれて、しだいにわがままになり、つひに、国民としてあるまじき望みをいだくやうになりました。すると、これもある不心得者が、宇佐八幡のおつげと称して「道鏡に御位をおゆづりになれば、わが国はいつそうよく治まるでございませう。」と奏上しました。いふまでもなく、道鏡に対するへつらひの心からいひだした、にくむべきいつはりごとでありますが、天皇は、わざわざ和気清麻呂を宇佐へおつかはしになつて、神のおつげをたしかにお聞かせに

仏教がだんだん盛んになると、えらい僧がつぎ〳〵に出てきた。中でも、行基は、諸国を旅行して、いたるところで、寺を建て、道を開き、橋をかけ、池を掘り、舟つきを定めなどして、大いに世の中の利益をおこしたので人々からたいへんうやまはれた。けれども、一方には、道鏡のやうな心の悪い僧も出た。

道鏡は第四十八代称徳天皇の御代、朝廷にお仕へして、政治にもあづかり、勢が強かつた。たまたま道鏡にへつらつてゐたものが、宇佐八幡の御告であるといつはつて、「道鏡を皇位に即かせると、天下はおだやかに治まりませう。」と、天皇に申しあげた。道鏡はこれを聞いて、たいそうよろこんだが、天皇はもう一度神の教を受けてくるやうにと、和気清麻呂を宇佐におやりになつた。

なりました。

　宇佐から帰つた清麻呂は、天皇の御前に進んで、道鏡にはばかるところなく、きつぱりと、かう申しあげました。

「わが国は、神代の昔から、君臣の分が明らかに定まってをります。それをわきまへないやうな無道の者は、すぐにもお除きになりますやうに。これが宇佐の神のおつげでございます。」

なみゐる朝臣は、すくはれたやうに、ほつとしました。あたりは水を打つたやうな静けさです。清麻呂のこの奏上によつて、無道の道鏡は面目をうしなひ、尊いわが国体は光を放ちました。しかも、清麻呂のかげに、姉広虫のなさけのこもつた、はげましがあつたことも、忘れてはなりません。やがて第四十九代光仁天皇の御代に、道鏡は下野の国へ流され、

清麻呂が宇佐に行かうとした時、道鏡は清麻呂に向かつて、「高い官位を与へるから、自分によいやうにはからつてもらひたい。」といつて、利をもつて味方にさそひ入れようとした。けれども、清麻呂は、忠義の志の深い、りつぱな人であつたから、決して自分の出世のためにその志をかへるやうなことはなかつた。宇佐から帰つてくると、すぐ天皇の御前に進み出て、「わが国は、国の初から、君と臣との別は明らかに定まつてゐる。どんなことがあつても、臣であるものを君とすることはない。無道のものは早く除け。」といふ神の教を、少しも恐れることなく、そのまゝ、きつぱりと申しあげた。

道鏡は大いに怒つて、清麻呂を大隅に流し、しかも、その途中で殺させようとした。その時、ちやうどはげしい雷雨があつたため、清麻呂は、危いところをやつとまぬかれることが出来た。

清麻呂は、朝廷に重く用ひられるようになりました。

宇佐の神勅を受けて国をまもつた清麻呂も、千萬の寇を筑紫の海にとりひしがうとする防人も、忠義の心は一つであります。清麻呂は、広虫とともに、京都の護王神社にまつられ、その銅像は、宮城のお堀の水に、静かに影をうつして、いつまでも皇国をまもつてゐるのであります。

それから、まもなく、第四十九代光仁天皇の御代になつて、道鏡は下野に追ひやられたが、清麻呂は呼びかへされ、第五十代桓武天皇の御代まで朝廷にお仕へ申して、ますます忠義をつくし、重い役に用ひられた。今は、京都の護王神社にまつられてゐる。わが国の臣民は、皆つねに清麻呂のやうな心がけを忘れてはならぬ。

清麻呂の姉の広虫も、また真心こめて朝廷にお仕へ申しあげ、弟ともたいへん仲がよかつたので、人々は皆感心してゐた。清麻呂が流された時、広虫も備後に流されたが、清麻呂といつしよに呼びかへされて、ふたたび朝廷に用ひられた。広虫は、つつしみ深い人で、一度も他人のかげ口をいつたことがなく、またなさけ深くて、たくさんの棄児を拾ひ集めて、育てあげたが、その数は八十人余りにも及んだといふことである。今は、広虫も護王神社に合はせまつられてゐる。

――

両者を比較すると、十五年版に記されている傍線の部分が十八年版には見えない。そして十八年版には、波線のように「なみゐる朝臣は、すくはれたやうに、ほつとしました。あたりは水を打つたやうな静けさです。清麻呂のこの奏上によつて、無道の道鏡は面目をうしなひ尊いわが国体は光を放ちました。」という記述がなされている。しかしながら十八年版に記されていることは事実であろうか。和気清麻呂の奏上により道鏡が面目を失ったというのであれば、清麻呂は大隅に流されることもなかったであろうし、ましてや途中で殺されそうになるということもなかったであろう。清麻呂の奏上は命を懸けた奏上であったのであり、十八年版は事実を隠蔽しているといわざるを得ないのである。別の言い方をするならば、日本の歴史を天皇統治の下でよく治まってきた国の姿を示していると主張するが為に事実を曲げた記述がなされているといわなければならないのである。これが文部省が主導した『国史概説』に代表される「皇国史観」であり、厳密に言うならば「皇国美化史観」というべきである。

その「皇国美化史観」によって記された書物に昭和十八年三月に岩波書店から発行された秋山謙蔵氏の『日本歴史の内省』という書物がある。秋山氏によれば、鎌倉幕府や室町幕府、更に江戸幕府も存在したことはなく、それぞれが「天皇の御政を翼賛する征夷大将軍に任命されたのである」と幕府の専権政治も天皇の政治に対する翼賛政治であったとするのである。このようにみる秋山氏にとって、討幕を進められた後鳥羽上皇の承久の変は、単に「不幸なる事変」に過ぎず、また建武中興についても、それは「悲痛な記録」であり、楠木正成以下の働きも「悲壮なる献身」であり、要するに建武中興は「日本の歴史上最も悲しむべきものであり、再び、あのやうな悲壮の歴史があるべきものでなくまたあつてはならないものである」とするのであるが、そこでは後鳥羽上皇や後醍醐天皇について語られることはないのである。これが「皇国美化史観」である。

しかるに世間一般には、「皇国史観」の提唱者として名前が挙げられるのは、戦前東京帝国大学の国史学科主任教授であった平泉澄博士である。先に述べた永原氏も「皇国史観とは誰々によって形成されてきたものなのかを問いなおすと、正確に答えることは存外むつかしい」としながらも、「さしづめ、右の平泉氏をその代表的歴史家とすることは不当でないだろう。」とし、また「超国家主義皇国史観の代表的歴史家」「皇国史観のリーダー」と、平泉博士を皇国史観を代表する歴史家としているのである。これは永原氏だけではなく、一般的な人名辞書においても平泉博士について『国史大辞典』では「皇国史観の指導者」、『新潮日本人名事典』では「戦前の皇国史観の中心人物」、『現代日本朝日人物事典』では「皇国史観の主導者」などと記されているのである。これでは「皇国史観」の提唱者は平泉博士だと誰もが認識することになる。

しかし平泉博士が自らの歴史観を皇国史観と称されたことはない。平泉博士が自らの歴史観について語られたのは、大正十四年十一月に執筆され、翌年五月に出版された『我が歴史観』の巻頭論文として掲載された「我が歴史観」だけである。博士がその論文において強調されたのは「人格」である。博士は、純粋客観の歴史といふものは断じてあり得ないので、若しありとすれば、それは歴史でなくて、古文書記録即ち史料に他ならない。歴史は畢竟我自身乃至現代の投影、道元禅師の所謂「われを配列して、われこれをみる」ものである。しかも又歴史を除外して我はない。我は歴史の外に立たず、歴史の中に生くるものである。歴史を有つもののものでなく、厳密には歴史するものである。前には歴史のオブゼクトに人格を要求した。今は歴史のサブゼクトに人格を要求する。かくの如く内省してゆく所に、現代史観の特徴がある。

と述べられている。すなわち博士は歴史は人々の働き、つまり人格により織り成されるものであることを強調されるのである。そして、この論文の執筆より前の五月に『史学雑誌』に発表された「歴史に於ける実と真」は、四月に執筆されたものであるが、そこでは、

明治以来の学風は、往々にして実を詮索して能事了れりとした。所謂科学的研究これである。その研究法は分析である。分析は解体である。解体は死である。之に反し真を求むるは綜合である。綜合は生である。而してそは科学よりはむしろ芸術であり、更に究竟すれば信仰である。まことに歴史は一種異様の学問である。科学的冷静の態度、周到なる研究の必要なるは、いふまでもない。しかしそれのみにては、歴史は分解せられ、死滅する。歴史を生かすものは、その歴史を継承し、その歴史の信に生くる人の奇しき霊魂の力である。この霊魂の力によつて、実は真となる。歴史家の求むる所は、かくの如き真でなければならぬ。かくて史家は初めて三世の大導師となり、天地の化育を賛するものとなるであらう。

と述べられている。平泉博士はこの観点より我が国の本質を明らかにして行こうと努力され、国史の中で優れた人格を先哲、忠臣、義士に求め、正しい伝統を万世一系の皇統、天皇政治の中に論証しようとされたのであり、皇国の護持に努力した人々を顕彰されたのである。それからいうならば、平泉博士の歴史観は「皇国護持史観」といってよいものである。

その平泉博士は、国史の美化に対して痛烈なる批判をしておられる。それは昭和十八年五月に発行された「日本諸学」第三号に掲載された「国史の威力」である。博士はその冒頭において、

すべての学問がさうであるやうに、歴史学も今日急速なる展開を要求せられてゐる。曽てそれは無意味なる事実の詮索に没頭して、いはば閑人の閑事業として無視せられた事もあつた。又曽てそれはマルキシズムの翻弄に任せて、実は歴史を破壊せんが為に研究せられた事もあつた。今や歴史は、その本来の姿にかへり、本来の面目を発揮しなければならぬ。

しかるに歴史が、その本来の道にかへり、本来の面目を発揮せんが為には、歴史に対する者、即ち歴史家自身が、日本の使命、日本の理想を明確に認識し、体得しなければならぬ。己れ自ら日本の使命を認識する事なく、日本の理想を体得する事なくして、真に歴史を知り、これを明かにするといふことは不可能に属する。

こゝに日本の使命といひ、理想といふ。それはしかしながら言ふは易くして、深くその意義を探り、詳かにその伝承のあとを辿るならば、之を体得し、之を奉じて進む事の、容易なる問題にあらざる事を知るのである。しかも一般に之をいふならば、その至つて深き意義を十分にかへり

みる事なく、只表面的に軽薄に之を云々する事が、不幸にして余りに多いのである。

即ち曽て深き思索もなく十分の検討も加へずして、破壊的考察に附和雷同した者の多かつたやうに、今日はまたおごそかに仰ぎ謹みて思ふ事なくして国体を説き、大義を叫ぶ者が少なくないのであり、それは一方には国史の浅薄なる美化主義となり、一方にはその苛酷なる摘発主義となつてゐるのである。かゝる偏せる行き方に於いては日本の歴史の真実は現はれて来るものではない。我々は正しく日本の歴史を明かにして、それによつて我等今後の行くべき道を知ると共に、之を大東亜に宣布しなければならないのである。

と述べ、以下美化主義の一例として、江戸時代の幕府政治を之を翼賛政治の一体型とする説を批判し、また「苛酷なる摘発主義」の一例として、北畠親房の『神皇正統記』を「不敬」として批判する説に対して、

若し神皇正統記を不敬として斥けるならば、古事記も日本書紀も、また万葉集も、それぞれ皆非難攻撃せられなければならぬ。かくて一切の古典が非難せられ、すべての先哲が攻撃せられた後に、残るものは何であるか。それは只阿諛と欺瞞とではないか

と述べ、次の言葉で結びとしておられるのである。

かやうに国史は大局の上に立ち、国体の大義に依り、皇国の理想に照らして、雄渾なる反省を必要とする。決して些々たる末節にとらはれ、徒らなる論難攻撃を事とすべきでないと同時に、また因襲に従ひ、浅薄なる美化主義に盲従すべきでもない。即ち我等は、おほらかに、而して大

胆に、皇国日本の歴史の真実の姿を明かにしなければならぬ。そこには何の作為もなく、欺瞞もあるべきでない。而して其の作為なく欺瞞なき真実の姿は、直ちに大東亜の光となつて輝き、人々に理想を与へ、光明を授けるであらう。換言するならば、日本の歴史は、それを以て大東亜の指導力とせんが為に、ことさらなる作為を必要とするほど、薄弱無意味なるものでは決してなく、深き反省によつて、その真実の姿を見つめ、その深遠なる意味を考ふるとき、直ちに現実の重大なる問題を解決する威力を有するものである。

平泉博士は「些些たる末節にとらはれ、徒らなる論難攻撃」、また「因襲に従ひ、浅薄なる美化主義に盲従すべきでもな」く、「何の作為もなく、欺瞞も」なく、飽くまでも日本歴史の真実の姿を虚心坦懐に理解する事により、現実の問題を解決して行くことに努められたのであり、戦後一般に批判されるような「超国家主義皇国史観の代表的歴史家」「皇国史観のリーダー」ではないのである。に拘わらず、平泉博士が戦後「超国家主義皇国史観の代表的歴史家」「皇国史観のリーダー」として批判の対象とされる理由は、平泉博士が早くより日本人の伝統的精神の復活強化を主張されたことに対し、自らがそれに共感しきれなかったことによる反発から、それらの人々は自らの戦争責任を逃れんがために、平泉博士を戦争責任者の一人としてやり玉に挙げることにしたのである。いわば平泉博士を皇国史観の提唱者として批判する事により自らの免罪符としたものといってよいのである。

最後に、改めて「皇国史観」ということについてまとめるならば、戦後一般に批判の対象とされる皇国史観は、正しくは皇国美化史観というべきものであり、それは文部省を中心として唱えられたものであり、それに基づいて記されたものが昭和十八年に発行された『国史概説』や『初等科国史』である。それは日本歴史を賛美するために史実を曲げ、作為、欺瞞のあるものである。対して一般に皇国史観の提唱者・中心人物と称される平泉澄博士は、その摘発主義、美化主義を批判し、日本歴史の真実の姿を虚心坦懐に理解する中において、国史の中で優れた人格を先哲、忠臣、義士に求め、正しい伝統を万世一系の皇統、天皇政治の中に論証しようとされたのであり、皇国の護持に努力した人々を顕彰し、皇国の護持を実現して行こうとするものであり、いうならば皇国護持史観というべきものであった。近年東大史料編纂所の宮地正人氏は平泉博士の歴史観を称して「国体護持史観」と称されているが、まさにその通りであり、世に一般的にいわれる「皇国史観」、すなわち「皇国美化史観」とは相違するのである。

以上「皇国史観」について厳密には二つの皇国史観が存在するのであり、批判されるべきは文部省が推進した「皇国美化史観」であることをのべた。

ところで最近、この戦前の「皇国美化史観」の復活と見られる現象が生まれてきている。それは最初に挙げた小堀桂一郎氏である。小堀氏は『萬世一系を守る道』に於いて、「万世一系」を称賛する余り、天皇の「大御心」は天皇個人の私意であり、その私意を超えた摂理、即ち道理によって動かされると述べ、慈円の『愚管抄』を高く評価し、それにより後鳥羽上皇の承久の変を、上皇の私意であり、「平地に波乱を起こす」ものであったとするのである。慈円が承久の変を批判するのは、鎌倉幕府を容認するが為であり、彼の唱える「道理」なるものは至る所で破綻を来たしているのである。それを金科玉条のごとく押し頂いて、後鳥羽上皇を批判するというのは、先に述べた秋山謙蔵氏と同じ過ちを犯しているといわねばならない。小堀氏は更に建武中興についても新井白石の『読史余論』によって後醍醐天皇が「不徳」であったために失敗したと説いているのを活用して、後醍醐天皇は「私情」により国政を動かしたのであり、それに「大御心の美称を奉ることは避けるべきです。」と述べるのである。白石の『読史余論』も現実の江戸幕府の正統性を主張するが為に記されたものであり、幕府否定論に対しては非常に厳しい記述をしているのである。そのような書に基づいて後醍醐天皇を否定するのは、これまた「皇国美化史観」と軌を一にするものといってよい。平泉博士が「国史の威力」において述べられた「徒らなる論難攻撃を事とすべきでないと同時に、また因襲に従ひ、浅薄なる美化主義に盲従すべきでもない。」との言葉をもう一度玩味する事が必要である。

第三章　万民保全の道

百四十年前の日本

本年（平成二十年）より百四十年前といえば西暦一八六八年、我が国の年号でいえば慶応四年、すなわち明治元年である。この年は前年の徳川慶喜《とくがわよしのぶ》の大政奉還に始まる激動の中で新年を迎えた。新年早々に起こったのが鳥羽・伏見の戦いである。これは前年十二月九日の小御所会議において慶喜の辞官納地が決定したことに対して、会津・桑名藩を中心とする旧幕府軍が上京抗議せんとして進軍したのに対し、薩摩・長州軍を中心とする官軍がこれを阻止せんとして鳥羽・伏見において戦闘に及んだものである。戦いは熾烈を極めたが官軍の勝利に終わり、慶喜は大坂城から船で江戸に帰り、上野寛永寺における謹慎生活に入ったのである。

朝廷では慶喜を朝敵とし、有栖川宮熾仁親王《ありすがわのみやたるひと》を征東大総督に任じ、大軍を下向せしめ、三月十五日を江戸城総攻撃の日と決した。が、征東軍参謀西郷隆盛と幕府の勝安房との談合により、三月十四日、総攻撃の中止・江戸城無血開城が決定された。とはいえ新政府がスムーズにスタートできるかどうか、全く予測のつかない状況であった。

五箇条の御誓文

その総攻撃中止が決まった三月十四日、京においては明治天皇が神々に新政の基本方針を誓われるという重大儀式が行われていた。ここに新日本の国是が決定し、近代日本の出発を見ることになるのである。その誓われた基本方針、すなわち新政の国是が「五箇条の御誓文」である（近年、中・高の教科書では「御」の字を脱して「五箇条の誓文」と記している例が多いが、『太政官日誌』や『法令全書』は「御誓文」と記しており「五箇条の御誓文」と称するのが正しい。敢て「御」字を脱するのは為にする者の策謀であり、教科書にまでその影響が及んでいることは実に残念なことである）。その内容については周知の処ではあるが、次に全文を掲げよう。

一、広ク会議ヲ興シ、万機公論ニ決スベシ。
一、上下心ヲ一ニシテ、盛ニ経綸《けいりん》ヲ行フベシ。
一、官武一途《いっと》庶民ニ至ル迄《まで》、各々其志ヲ遂ゲ、人心ヲシテ倦《う》マザラシメン事ヲ要ス。
一、旧来ノ陋習《ろうしゅう》ヲ破リ、天地ノ公道ニ基クベシ。
一、智識ヲ世界ニ求メ、大ニ皇基ヲ振起スベシ。

一般にはこれが五箇条の御誓文として認識されているが、実はこの後に記されていることが重要なのである。すなわちこの五箇条の後に、明治天皇のお言葉として、

我ガ国未曽有ノ変革ヲ為ントシ、朕躬《ちんみ》ヲ以テ衆ニ先ジ、天地神明ニ誓ヒ、大《おおい》ニ斯《この》国是ヲ定メ、万民保全ノ道ヲ立ントス。衆亦此旨趣《このししゅ》ニ基キ協心努力セヨ。

と述べられている。「朕躬ヲ以テ衆ニ先ジ、天地神明ニ誓」われたが故に「御誓文」なのであるが、明治天皇はこの五箇条の国是の実施実現、則ち「万民保全ノ道ヲ立」てることを国民に先んじて「天地神明ニ誓」われたのである。

明治天皇が神々にその実施実現を誓われたのはこの時だけではなかった。明治二十二年二月十一日に制定公布された大日本帝国憲法発布に際しても、発布に先んじて皇祖皇宗に対して御告文を奏し、

朕ガ現在及将来ニ臣民ニ率先シ此ノ憲章ヲ履行《りこう》シテ愆《あやま》ラサラムコトヲ誓フ

と、「臣民ニ率先シ此ノ憲章ヲ履行」することを誓われているのである。またその翌二十三年十月三十日に出された教育勅語においても「朕爾《なんじ》臣民ト倶ニ拳々服膺《けんけんふくよう》シテ咸其《みなその》徳ヲ一ニセンコトヲ庶幾《こいねが》フ」と天皇はその徳を臣民と共に自らのものにせんことを表明されているのである。

御宸翰

このような明治天皇の御気持は、「五箇条の御誓文」を出された当日、国民に呼びかけられた「御

宸翰」にも明瞭に示されている。「御宸翰」において明治天皇は、

> 今般朝政一新ノ時ニ膺《あた》リ、天下億兆一人モ其ノ処ヲ得サル時ハ、皆朕カ罪ナレハ、今日ノ事、朕身骨ヲ労シ心志ヲ苦メ艱難ノ先ニ立

と、明治維新という未曽有の大改革の実施に際して、国民の一人でもその志を得ない時は、すべて「朕カ罪」という自覚の下、国民に率先して「身骨ヲ労シ心志ヲ苦メ」て「艱難ノ先ニ立」つことを述べ、その理由を、

> 近来宇内大イニ開ケ、各国四方ニ相雄飛スルノ時ニ当リ、独我ノミ世界ノ形成ニウトク、旧習ヲ固守シ一新ノ効ヲハカラス、朕徒《いたずら》ニ九重《ここのえ》中ニ安居シ、一日ノ安キヲ偸《ぬす》ミ百年ノ憂《うれい》ヲ忘ルルトキハ、遂ニ各国ノ陵侮《りょうぶ》ヲ受ケ、上ハ列聖ヲ辱《はずか》シメ奉リ、下ハ億兆ヲ苦シメン事ヲ恐ル、故ニ、朕ココニ百官諸侯ト広ク相誓ヒ、列祖ノ御偉業ヲ継述シ、一身ノ艱難辛苦ヲ問ハス、親ラ四方ヲ経営シ、汝億兆ヲ安撫シ、遂ニハ万里ノ波頭ヲ拓開シ、国威ヲ四方ニ宣布シ、天下ヲ富岳ノ安キニ置ンコトヲ欲ス、

と、世界の大変化に際し、「徒ニ九重中ニ安居シ、一日ノ安キヲ偸ミ百年ノ憂ヲ忘」れるならば、「遂ニ各国ノ陵侮ヲ受ケ、上ハ列聖ヲ辱シメ奉リ、下ハ億兆ヲ苦シメ」ることにほかならない。それ故に五箇条の国是を定めて、「列祖ノ御偉業ヲ継述シ、一身ノ艱難辛苦ヲ問ハス」に「親ラ四方ヲ経営シ」「天下ヲ富岳ノ安キニ置ン」とされたのである。まさにこれ「五箇条の御誓文」において述べられた「万民保全ノ道」に他ならない。

しかし「天下ヲ富岳ノ安キニ置」き「万民保全ノ道ヲ立」てるということは天皇お一人の努力によって実現されるものではない。そこで天皇は「御宸翰」において、

汝億兆能《よく》朕カ志ヲ体認シ相率《あいひきい》テ私見ヲ去リ公議ヲ採リ、朕カ業ヲ助テ神州ヲ保全

することを願われたのであり、「五箇条の御誓文」において、

衆亦此旨趣ニ基キ協心努力セヨ

と述べられたのである。

明治天皇の御聖徳

明治天皇が「万民保全ノ道ヲ立」てることを神々に誓われ、また国民に対してもその実現のために率先努力することを述べられたが、それは単に言葉の上のみの事ではなかった。天皇は国民の幸福のためには自らの危険をも顧みることなく突き進まれたのである。

その最もよい例は明治二十四年五月十一日に起こった大津事件の際であった。事件は折から来日中のロシア皇太子ニコライに対し、警備の巡査である津田三蔵が切りつけ、刀傷を負わせたというものである。

この事件の報告を受けられた天皇は直ちにロシア皇帝に親電を発せられるとともに、翌十二日早朝、自ら京へ急行され、十三日皇太子を見舞われた。その後神戸に停泊しているロシア軍艦に移ったニコ

ライ皇太子は、十八日、天皇をロシア軍艦における午餐会に招待したのである。

天皇がロシア軍艦に乗船されるということは、何時如何なる事態が発生するやもしれず、警備に万全を期すことができないことから、人々の反対は強かった。が、天皇は自らがロシア軍艦に赴くことにより日露の平和が維持されるならばとの御気持から招待に快く応じられたのである。幸い天皇は皇太子との歓談を無事終えられ、その夜には京都に還幸され、翌十九日、皇太子もウラジオストークへ出発し、その後この事件に関し問題は起こらなかった。一歩誤れば日露の戦争ともなる事態に天皇の誠意あふれる御処置により我が国は事なきを得たのであった。

明治天皇の国家・国民を思われる御気持は、このような対外的な重大問題の時に知ることができるが、それは常に自らが国民の親として、その責を全うしていこうとされる御気持から出ているものであった。それは一方において自らの生命を絶とうとする者に対しても温かい御気持、自責の念を示されるのである。

明治四十一年六月一日、大逆事件が発覚し、幸徳伝次郎（秋水）らが検挙された。時の首相桂太郎はこの件を報告したくはなかったが、内閣としては申し上げないわけにはいかない。首相は事件を紙に記し、他の書類の中に挟んで持参し、見落とされることを祈った。しかし天皇はその書類を御覧になり、涙を流し、首相に「私が至らなかったね」と仰せられ、涙を拭かれたと伝えられている。明治天皇の「一人モ其ノ処ヲ得サル時ハ皆朕カ罪ナレハ」の御気持を良く示しているエピソードである。

歴代天皇の御仁慈

このような明治天皇の御気持、これは明治天皇に限ったことではない。歴代天皇の御気持であり、歴代天皇の御事績に示されているところである。古くは仁徳天皇、高殿に登り遠くを見渡されたところ民のかまどから煙が立ち上っていないのを見て課税を停止され、人民の富裕が確認できた後にようやく課税されたと伝えられている。

また律令政治最後の時代、延喜の治と讃えられた醍醐天皇は真冬の寒い夜、衣を脱いで民の寒苦を察せられたという。

このような例は挙げて行けばきりはないが、その中にあっても国家非常の時にそれは明瞭に表われている。先の大津事件の際の明治天皇の御態度は一例であるが、そのような御姿は、元寇に際し、亀山上皇が身を以て国難に代わることを伊勢の神宮に祈られたことにも見られる。

また戦国時代は戦乱相次ぎ、国民は塗炭の苦しみを味わったが、それは皇室も同様であり、日々の生活費にも事欠くような状態であった。が、そのような中にあっても天皇は常に国民の平安を祈られていたのである。

後花園天皇は、国民が貧苦に打ちのめされている時、将軍義政が栄華に耽り、国民の苦しみを考えず自らの欲望をのみ満たすことを考えているのに対し、

残民争ひて採る首陽の蕨《わらび》、
処々序《かき》を閉じ、竹扉を鎖《とざ》す。
詩興吟酸なり春三月、
満城の紅緑、誰が為にか肥えたる。

の詩を示して戒められた。また後奈良天皇は天文九年、飢饉疫病が打ち続いた時、自ら般若心経を書写し、天下の社寺に奉納し、速やかな平癒を祈られたのであるが、天皇はその奥書に、特に、

今茲に天下大疫あり、万民多く死亡に阽《のぞ》む。朕民の父母として、徳覆《おお》ふあたはず。甚《はなは》だ自ら病む。

と書き加えられた。皇室の最も困窮している時においても、国民の事を考え、自らの事は考えられない御態度が見られるのである。

時代が下っても皇室の国民を思われる御気持ちに変わる所は全くない。明治天皇の御父君である孝明天皇は、外航船の迫り来る中、

あさゆふに　民やすかれと　思ふ身の　心にかかる　異国の船

と詠まれ、また、

我命　あらん限りは　祈らめや　遂には神の　験をも見む
この春は　花うぐいすも　捨てにけり　わがなす業ぞ　国民の事

と、神々に祈り、国民のために全力を出すことを誓われるのである。

明治天皇の「万民保全の道」実現の表明は、このような歴代天皇の精神を継承されてきたものである。

万民保全の道

　このような歴代天皇の御仁慈の基づく処、それは古く神武天皇の建国の精神に基づくのである。その建国の精神は「八紘為宇の詔勅」に示されている。そこには、

　夫《そ》れ大人《ひじり》の制《のり》を立てて、義《ことわり》必ず時に随《したが》ふ。苟《いやし》くも民に利有《かが》らば、何ぞ聖《ひじり》の造《わざ》に妨《たが》はむ。

と記され、さらに、

　上《かみ》は乾霊《あまつかみ》の国を授けたまひし徳《うつしび》に答へ、下は皇孫《すめみま》の正《ただしきみち》を養ひたまひし心《みこころ》を弘めむ。然して後に、六合《くにのうち》を兼ねて都を開き、八紘《あめのした》を掩《おお》ひて宇《いえ》とせむこと、亦可《よ》からずや。

と記されている。この詔勅において、神武天皇は国民の幸福を第一に考えることを明白にしておられるのである。そしてそれは天照大神がこの国を真に平和にして心安らかに住み得る処にしようとして瓊瓊杵尊《ににぎのみこと》に授けられた慈愛に答え、皇孫の進まれた道を受け継いで道徳正しい政治を行っていくことであった。それは同時に天下をして一つの家のような姿にしていく道でもあったのである。

「八紘為宇の詔勅」に見える「利民」「答徳」「養正」「八紘為宇」を実現していく政治が「万民保全の道」なのである。そこには私利私欲を超越した崇高な姿が存するのである。

第四章　国難と天皇

はしがき

三月十一日午後二時四十六分、M九・〇という未曽有の東北地方太平洋沖大地震が発生し、それに伴う十数メートルの大津波と相俟って東日本は大震災に見舞われた。今回の大震災は、十六年前の阪神淡路大震災とは比べることのできない広範囲にわたる震災であり、さらに東京電力福島第一原子力発電所の損壊事故も加わり、震災復興には長い歳月がかかると推測される中、政府の対応は後手に回ることが多く、その復興のための青写真も未だ示されないのであり、現在の我が国は将に「国難」というべき状況下にある。このような中、天皇・皇后両陛下を始め、皇族方は各地の慰問を繰り返し、被災者への励ましを続けておられる。が、それは今回のみのことではなく、また今上陛下のみのことでもない。「国難」といわれた時の歴代天皇は、常に国民の先頭に立ち、国難を克服しようと努力されてきたのである。

貞観大地震

清和天皇の貞観十一年（八六九）五月二十六日の夜間、今回の大地震に匹敵するM八・六と推定される大地震が陸奥国において起った。『三代実録』は、

廿六日癸未、陸奥国の土地が大きく振動した。光は昼のやうに影を映した。人々は喚き、うつ伏せになり起き上ることができず、屋根が仆れて圧死し、地が裂け殪れ埋もれた。牛馬は駭き奔り、互いに昇踏した。建物で頽れ落ちたり転覆したりした数は計り知れない。海は唸り声をあげて津波が数十百里まで押し寄せ、原野は忽ち青々とした海となった。人々は船に乗る遑も山に逃れる時間もなく、溺死する者千余人、資産苗稼は殆ど残るものが無かった。

と記している。

この報が朝廷に届いたのが何時のことかは明らかではないが、九月七日には紀朝臣春枝を検陸奥国地震使に任じた記事があるところよりして、その頃に報告が朝廷に齎されたものと思われる。その翌月十三日に出された詔では被害の状況が詳しく記されているところよりして、紀朝臣春枝の報告がなされ、対策が発せられたものと考えられるが、そこでは「死者は丁重に葬り、振恤をかさねる」ことが強調され、特に被害の甚大なる者には租調を免除するとともに、鰥寡孤独及び窮して自立不可能な者は厚く支済し、矜恤の趣旨を尽すことが命じられたのである。清和天皇は、この詔の中において、

この地震について、「責め深く予に在り」と震災の責は自分にあると述べられ、使者を派遣して上述の救済策を実施せしめられ、使者に「朕親ら覿《あ》ふごとくせしめよ」と指示せられた。平安時代、今より千百四十年前に天皇自らが陸奥の被災地を見舞われるということは不可能であるが、自らが奥州まで行き、被災者を見舞うとのお気持ちで救済の施策を実施して行かれたのであった。

元寇時における亀山上皇

時は鎌倉時代、大陸においては蒙古民族が猛威を振い、前後未曽有の大帝国を建設し、その刃は我が国に及ぼうとしていた。時の執権北条時宗は、この蒙古民族の脅迫に断固たる態度で臨んで行ったが、それは朝廷においても同様であり、菅原長成の起草した返書は蒙古帝国の圧力を拒絶した堂々たるものであった。が、時宗はそれをも生温いとして返書を出すことは止んだのである。この我が国に対して蒙古帝国(国号は元)は文永十一年(一二七四)十月、蒙古とシナの兵合わせて一万五千、さらに高麗兵八千で対馬・壱岐を侵略し、博多に攻撃してきたのである。九州の武士たちは敵の武器に悩まされながらも、善くこれを防いでいた二十日の夜、大風雨のために敵の戦艦の多くは沈没し、溺死する者一万三千五百余り、生き残った者は命からがら逃げ帰ったのであった。

しかしフビライは一度の失敗で、その野望を諦めようとはしない。南宋を滅ぼしたフビライは、弘安四年(一二八一)五月、朝鮮半島より攻め来る第一軍四万、揚子江方面よりの第二軍十万、両者合わせて九州に攻め寄せてきたのである。我が軍は敵を上陸せしめず、防戦していったが、七月晦日から翌閏七月一日にかけて暴風が起り、敵船の大半は海の藻屑となり、逃げ帰った者僅かに三人とは『元史』の記録するところである。この国難に際して、多くの人々が社寺に祈りを捧げたが、治天の君であった亀山上皇は身に代えてこの国難を救おうと祈られたのであった。『増鏡』には、

大神宮へ御願に、「我御代にしもかゝる乱れ出で来て、まことにこの日本のそこなはるべくは、御命を召すべき」よし、御手づから書かせ給ける

と記されているが、上皇はこの国難に際し二十二社に御祈りを捧げられると共に、石清水・春日・日吉に御幸して祈願され、また高野山に院宣を下されて異賊降伏を祈られたのである。ことに伊勢神宮には祭主に命じて祈願せしめると共に、醍醐寺の通海法師に院宣を下して神宮に派遣し、自らの命に代えて国難を救わんとの告文を捧げて祈願されたのであった。元寇の国難は上皇の御祈願を始めとする人々の祈りが、暴風を起こし敵を壊滅させたと理解されたのであり、世に神風と称されたのであるが、その先頭に立たれたのが亀山上皇であった。

孝明天皇と幕末の国難

江戸時代、鎖国の安逸に耽っていた我が国は、ロシア・イギリスの近海出没に悩まされることになったが、孝明天皇御即位の頃には西欧列強の来航が相次いだ。孝明天皇は弘化三年（一八四六）八月

二十九日、幕府に勅を出して海防を厳にせしめられたが、我が国の鎖国の扉を開いたのは嘉永六年（一八五三）六月、軍艦四隻を率いて浦賀に来航したアメリカのペリーであった。ペリーは大統領フェルモアの国書を提出して開国を要求したのである。幕府は一年後の回答を約して帰国させたが、入れ違いにロシアのプウチャーチンが長崎に来航し開国を要求してきた。幕府はこれも一旦は帰国せしめたが、プウチャーチンは年末に再来して回答を迫った。幕府は将軍継嗣の混乱を理由として退去せしめたが、ロシアの動向を見たペリーは、翌年正月、軍艦七隻を率いて再来航して回答を迫ったのである。幕府はその圧力に屈し遂に和親条約を結ぶことになるのであるが、孝明天皇は、

あさゆふに　民やすかれと　思ふ身の　心にかかる　異国の船

と詠ぜられ、また安政四年（一八五七）には、

天地と　ともに久しく　世の中の　末が末まで　安けくもあれ

と万世の泰平を祈られ、六年には、

我命　あらむ限りは　祈らめや　遂にはかみの　しるしをも見む

と詠まれ、さらには文久三年（一八六三）には、

この春は　花うぐいすも　捨てにけり　わがなす業ぞ　国民の事

と、命の限り神々に祈り、国民の安泰を願って行かれたのである。

大津事件と明治天皇

明治二十四年五月十一日、震撼すべき事件が起った。大津事件である。これは来日中のロシア皇太子ニコライに対して、その警護に当っていた巡査の津田三蔵が、大津の町中において斬撃し、皇太子に刀傷を負わせた事件である。

この報に接せられた明治天皇は、直ちにロシア皇帝に親電を発し、北白川宮能久《よしひさ》親王を京都へ向わせられた。そして翌十二日早朝には、自ら京都へ急行し、十三日、皇太子を見舞われたのである。その後皇太子は神戸停泊中のロシア艦船に移り、十八日、明治天皇に対し、軍艦上における午餐会に招待したき旨を連絡して来たのである。しかしロシア軍艦に天皇が乗船されるということは何時如何なる事態が発生するかしれず、その警護に万全を期すことができないところから人々の反対は強かった。が、明治天皇は自らが招待を受け入れてロシア軍艦に行くことにより、日露の平和が維持し得るならば、そこに如何なる危険があろうとも恐れることはないとのお気持ちから、その招待に快く応じられたのであった。幸い天皇は無事皇太子との歓談を終えられ、夕刻には京都へ還幸され、翌十九日にはニコライ皇太子もウラジオストックへ出発し、その後もこの事件についての問題は生じなかった。

この大津事件は、事が紛糾した場合、日露戦争ともなるべき大事件であったが、明治天皇の誠意溢れる御処置、御態度により事なきを得たのである。

大東亜戦争の終結と全国御巡幸——昭和天皇——

昭和二十年、戦局は日々悪化して行く中、七月二十六日、ポツダム宣言が出された。わが国ではこれに対する回答を保留したが、広島・長崎と相次いで原爆が投下され、さらにソ連が中立条約を破って参戦して来たことから、種々議論はあったが最終的には昭和天皇の御聖断により、八月十四日、受諾と決し、各国へ通知すると共に、十五日正午、国民に対し玉音放送がなされ、終戦となったのである。が、その御聖断は、

身はいかに　なるともいくさ　とどめけり　ただたふれゆく　民を　おもひて

との思し召しから実現したことであった。

昭和天皇は九月二十七日のマッカーサーとの会談において、

私は、国民が戦争の遂行にあたって、政治、軍事両面で行ったすべての決定と行動に対する全責任を負うものとして、私自身をあなたの代表する諸国の採決にゆだねるためにおたづねした。

と述べられ、マッカーサーをして「骨の髄までゆり動かした」のであり、占領政策にも大きな影響をもたらすことになった。

昭和天皇は昭和二十一年二月十九日の昭和電工川崎工場への行幸を皮切りとして、焦土と化した全国各地への御巡幸を実施された。昭和天皇の全国御巡幸はアメリカ施政権下にあった沖縄を除いて昭

和二十九年八月の北海道御巡幸まで、総日数百六十五日、全コース三万三千キロに及んだのである。人々は天皇陛下、また皇后陛下に励ましの御言葉を頂戴し、わが国再興への決意を固め、努力し、戦後の復興を成し遂げ、あまつさえ世界第二位の経済大国にまで発展せしめることとなったのである。

昭和天皇はその後も沖縄御視察を念願されたが、治安警備上の問題から行幸は実現をみることはなく、昭和六十二年九月、漸く実現されることになった直前、天皇は病のために行幸を断念されることとなった。昭和天皇はその時の想いを、

思はざる　病となりぬ　沖縄を　たづねて果たさむ　つとめありしを

と詠んでおられる。が、今上天皇は昭和天皇の代理として昭和五十年に行啓されて以来、行幸啓を繰り返しておられる。大東亜戦争において唯一戦場となり、多くの犠牲者を出した沖縄に対する今上陛下の思いには特別のものがある。それは八月十五日などと共に六月二十三日を忘れてはならない日の一つとして強調され、自ら流歌を詠まれていることによっても知られるところである。

今上陛下の被災地御訪問

平成の御世は、その年号に反し、自然災害の続発している時代である。平成三年には長崎普賢岳が噴火し、大火砕流被害が生じた。両陛下は七月十日、被災地を訪問され、被災者を見舞われた。それに続き五年には北海道南西沖地震に対して奥尻島を始めとする被災地を見舞われたが、平成七年一月

十七日に起った阪神・淡路大震災においては、半月後の一月三十一日にお見舞いをされている。両陛下は避難所において、両膝をつき、被災者を労われた。そのお姿は、村山首相の被災地視察の態度と雲泥の相違があり、人々に多大の感銘を与えたのであった。その後も両陛下は十六年の新潟県中越地震被災地、十九年の中越沖地震被災地へとお見舞いを繰り返されてきた。

そして今回の東日本大震災においては、翌十二日、宮内庁長官を通じて菅首相にお言葉を伝えられると共に、十六日には自らマイクの前に立たれ、全国民にお言葉を賜ったのである。そしてその後三月三十日の東京足立区の避難所御訪問を始めとして、千葉・茨城・宮城・岩手・福島の被災地を七週に渡りご訪問になり、亡くなられた人々を慰霊し、被災者にやさしいお言葉をかけ続けられたのである。両陛下に接した人々は、皆感激し、復興への勇気を与えられたと述べている。

万民保全の大御心

両陛下のこの被災地御訪問は、常にその苦しみを国民と分かち合っていこうとされるお気持ちの表れであるが、これは決して今上陛下に限った御心ではない。上述した歴代天皇は、いずれも身に代えて国民生活の安寧を願われたものであり、他にも仁徳天皇は国民の貧しさを察し六年間租税を免除されたと伝えられ、醍醐天皇は寒夜に御衣を脱いで国民と寒さを共にされたという。また後花園天皇は将軍足利義政が栄華を極め、自らの欲望を満たすことのみを考えているのに対し、

　残民争ひて採る首陽の蕨《わらび》　処々序《かき》を閉ぢ竹扉を鎖《とざ》す　詩興吟酸なり春二月　満城の紅緑誰が為に
　か肥えたる

の詩を作って戒められたことや、後奈良天皇が天文九年（一五四〇）飢饉疫病が打ち続いた時、自ら般若心経を書写し、その奥に、

　今茲に天下大疫あり、万民多く死亡に阽《のぞ》む。朕民の父母として、徳覆ふあたはず。甚だみづから
　病む。

と記して、天下の社寺に奉納祈願されたことなど、挙げて行けば限りないのである。

明治天皇が慶応四年三月十四日、「万民保全の道を立てん」として五箇条の御誓文を神に誓われたことはよく知られたところであるが、その日、明治天皇は国民に宸翰を出されたが、そこにおいて、

　天下億兆一人も其の処を得さる時は皆朕か罪なれは今日の事朕身骨を労し心志を苦しめ艱難の先
　に立ち

と述べ、自ら国民の安寧のために先頭に立って努力することを表明されているが、それは歴代天皇の常に願い実行されてきたことであったが、それは神武天皇の建国にまで遡るのである。すなわち神武天皇が建国に先だって述べられた「八紘為宇の詔勅」において、

　夫《そ》れ大人《ひじり》の制《のり》を立てて、義《ことわり》必ず時に随《したが》ふ。苟《いやし》くも民に利有《かが》らば、何ぞ聖《ひじり》の造《わざ》に妨《たが》はむ。

と述べ、また、

　上《かみ》は乾霊《あまつかみ》の国を授けたまひし徳《うつしび》に答へ、下は皇孫《すめみま》の正《ただしきみち》を養ひたまひし心《みこころ》を弘めむ。然して後に、

六合《くにのうち》を兼ねて都を開き、八紘《あめのした》を掩《おお》ひて宇《いえ》とせむこと、亦可《よ》からずや。

と見えている。この詔勅において神武天皇は、国民の幸福を第一に考えることを明白にしておられるのである。そしてそれは天照大神が、この国を真の平和にして心安らかに住み得るところにするためにニニギの尊に国を授けられた慈愛に答え、皇孫の進まれた道を受け継ぎ道徳正しい政治を行っていくことであった。それは天下をして一つの家のような姿にして行く道であった。

ここに天皇政治の本質が見られるのであり、「利民」「答徳」「養正」「八紘為宇」を実現していく政治が「万民保全の道」である。そこには私利私欲を超越した崇高な姿が存するのである。

今上陛下はこの皇室の伝統を受け継ぎ、常に国民の安泰を願われて日々祈りの生活を続けられているのであり、今回の東日本大震災においても被災地の慰問を繰り返され、被災者を激励されているのである。被災者は陛下の慈愛溢れるお言葉に接し、勇気を与えられ、復興への活力を得ているのである。

今回の「国難」を乗り越え不死鳥の如く我が国が蘇るのは、この陛下の御慈愛に我々国民がいかにお答えしていくかにかかっているのである。

第五章　道鏡と和気清麻呂

——和気清麻呂の精忠——

和気清麻呂といえば、かつては誰れ知らぬもののない精忠の人物であった。しかし、今日では和気清麻呂の名を知り、その精忠を理解するものは少ない。それは学校教育においても殆ど取り上げられることがないからである。現在使用中の高校日本史の教科書の中で管見に及んだ五冊のうち、和気清麻呂のことが本文に記載されているのは国書刊行会発行の『最新日本史』のみであり、その記述は、

道鏡は、太政大臣禅師から法王の地位に上り、やがて天皇の地位につくことを望んだ。しかし、和気清麻呂らによってその野望はくじかれ（宇佐八幡宮神託事件）、称徳天皇が崩じるとともに下野国薬師寺に左遷された。

とするいたって簡単なものであり、脚注で宇佐八幡宮神託事件を扱っている他の教科書も、その内容はほぼ同一であり、和気清麻呂の具体的行動は知ることができない。

しかしながら和気清麻呂の命をかけた活動が道鏡の野望を阻止し得たのであり、その精忠は特筆されてしかるべきものである。

奈良時代に於ける天命思想の受容

奈良時代は、大宰少弐であった小野老の、

青丹よし　寧楽のみやこは　咲く花の　薫ふが如く　今盛りなり

の歌に象徴されるように文化の花開いた時代であったが、その文化は大陸との交流の中において実現した文化であり、大陸の思想も多く受容されたのであった。その中にはシナの徳のあるものが王者として統治するとする有徳思想や、殷の湯王や周の武王のように天の命を受けたものが天子となるとする天命思想も存在していたのである。例えば『続日本紀』の大炊王《おほいおう》立太子の勅には、

自ら仏に願い、神に祈って政治の善悪についての判断を示されることを願ったところ、朕の住居の天井に「天下太平」の文字が現れた。これは上天が政治を助け、神がその意思を表されたものである。よって諸王を始め全国民と共にこの天の賜物を頂いて、旧罪を洗い流し、新たな幸福を得ることにしたい。

と、上天すなわち天帝が「天下太平」の文字を示すことによって、道祖王《ふなどおう》を廃して大炊王を立太子せしめることに対して承認がなされたこと、及びその上天（上玄）に答えて新しい幸福をえさせるべきことが述べられているのであり、また同年の閏八月には藤原仲麻呂の言として、

古い記録によると、天智天皇は天が認められた聖の君であり、聡明な名君でありました。

とも述べられている。さらにまた淡海三船の撰といわれる漢詩集の『懐風藻』では、その序には、天智天皇が天命を受けて即位され、その徳を発揮されたことが記され、また漢詩の中には、天皇の徳が堯舜の徳を凌駕するものであると讃えているものもある。これらの例により、当時有徳・天命思想が人々に受容されていたことが知られるのである。そして、この天命思想が奈良時代においても特に孝謙・淳仁・称徳天皇の御世の詔勅などに多く見られる事は注意されなければならないことである。

奈良時代は先に挙げた小野老の歌に象徴されるように律令政治の全盛期であり、また仏教文化の花開いた時代であったが、その裏では皇位継承を巡る暗躍・政争の連続の時代でもあった。それは聖武天皇と光明皇后との間に生まれた皇子は僅か二歳で薨じ、県犬養広刀自《あがたいぬかいのひろとじ》の生んだ安積《あさか》親王も天平十六年（七四四）閏正月に十七歳で急逝されたために、聖武天皇の後を継ぐべき皇子が存在せず、阿倍内親王が皇太子に定められていたとはいえ、未婚の女性であるところから、皇位の継承に問題が生じていたからである。そのため藤原氏と橘・大伴氏らが互いに諸王を擁立し、自らの権力基盤を確立しようとしたために他ならなかった。

奈良時代の政情の推移

奈良時代は最初藤原不比等による政治が行われたが、養老四年（七二〇）彼が薨じると、代わって長屋王が政治に当たった。ところが不比等の子供たちは自ら政権の中心たろうとし、また光明子を聖武天皇の皇后とせむが為に、天平元年（七二九）、長屋王を謀叛の罪に陥れて自殺させ政権を掌握した。しかしながら、天平九年（七三七）、九州より広がった天然痘により藤原四子は相次いで薨じ、橘諸兄が政権を担当することとなった。が、これに反発した藤原広嗣は天平十二年（七四〇）、大宰府において反乱に及び、これに驚かれた聖武天皇は美濃に行幸になり、以後恭仁京・難波京・紫香楽京と遷都が繰り返され、平城京へ還都されたのは天平十七年（七四五）のことであった。その間政情は不安定となったが、その間に安積親王が急逝されるのである。この安積親王の急逝は、或いは藤原仲麻呂による暗殺ではないかともいわれるが、その仲麻呂は、光明皇后との血縁関係をフルに利用して台頭し、橘諸兄政権に対抗し、その権力掌握に努めていったのである。

天平感宝元年（七四九）七月、孝謙天皇が聖武天皇の譲りを受けて即位されるや、仲麻呂は紫微《しび》中《ちゅう》台《だい》の長官（紫微令《しびれい》）に任用される。紫微中台とは光明皇后の皇后宮職を改組したものであるが、病気がちの聖武上皇に代わり、孝謙天皇の大政を後見をされる光明皇太后の執政機関であった。

仲麻呂は紫微令として実権を掌握していったが、天平勝宝八年（七五六）五月二日、聖武上皇が崩御された。聖武上皇はその崩御を前に、孝謙天皇に対し皇太子に道祖王を定めることを遺詔された。ところがその道祖王は僅か十ヶ月後には素行の悪さを理由として廃太子となり、代わって大炊王が皇太子となるのである。この時、諸臣はそれぞれ皇太子の候補者を挙げたが、一人仲麻呂だけは、

臣下のことを最も理解するのは君であり、子を理解するのは親である。私は天皇の選択に従います。

と、天皇の意思によるべきことを述べるのである。その結果大炊王が皇太子となるのであるが、大炊王は仲麻呂の邸宅である田村邸において起居していたのである。大炊王の立太子が仲麻呂の計画であったことは誰の目にも明らかであった。仲麻呂は五月、紫微内相に任じられ、内外の軍事力を掌握することとなる。それに対し橘奈良麻呂を中心として黄文王・道祖王・安宿王らの皇族を巻き込んだ謀叛が計画されたが、七月に入り事は発覚し、橘奈良麻呂らは捕らえられ、獄死・死刑・流刑合わせて四百四十三人に上った。

橘奈良麻呂の変が解決した一年後の天平宝字二年（七五八）八月、孝謙天皇は位を大炊王（淳仁天皇）に譲られた。仲麻呂は恵美押勝の名を賜り、宰相として専

奈良時代皇室関係系図（傍線は本文中に見える人名）

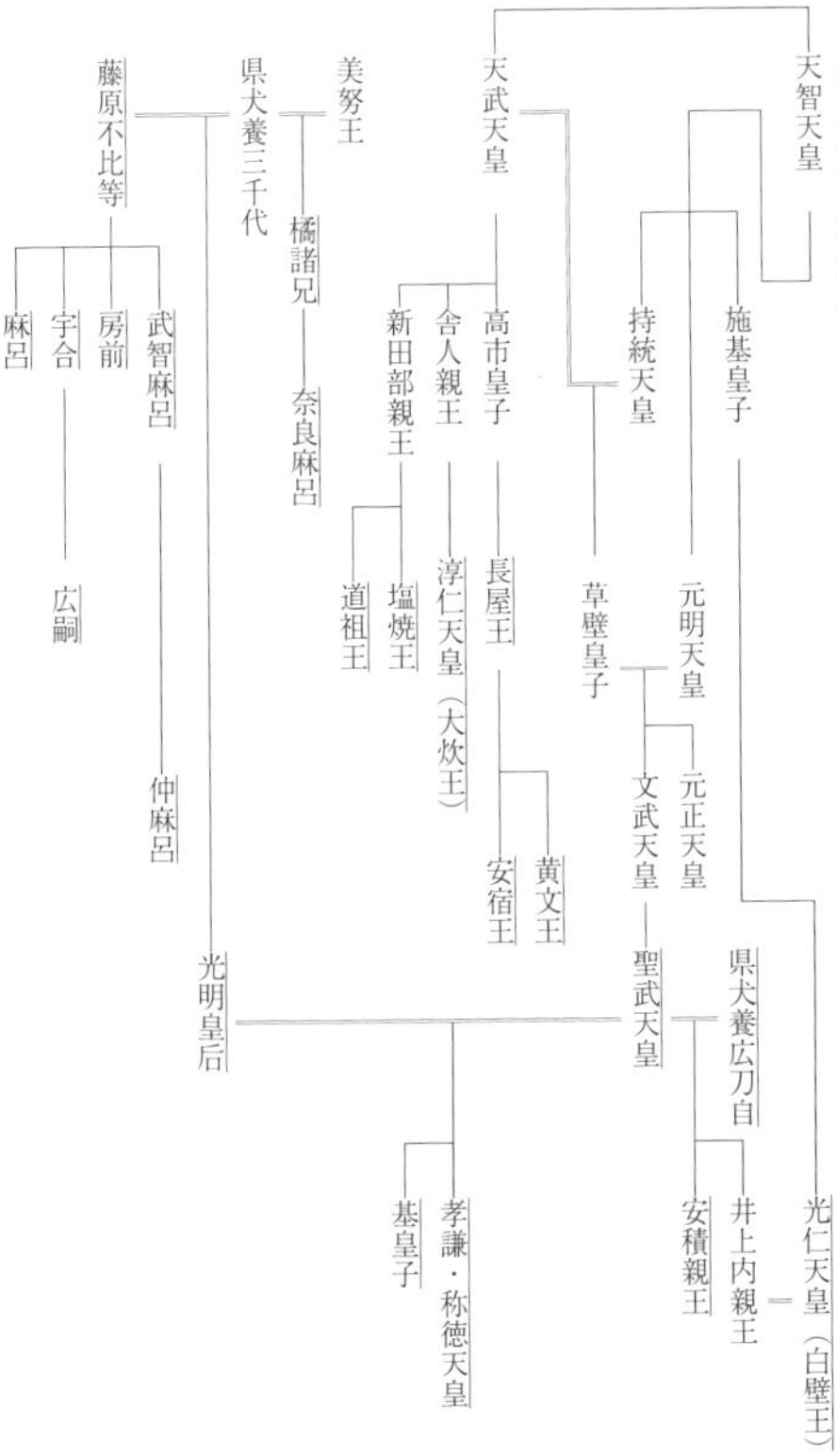

権を振るい、官号を全て唐風に改め、自らの政治理念である儒教的徳治主義を主調にした律令政治を実行に移していき、天平宝字四年（七六〇）正月には正一位を授けられ、大師（太政大臣）に任ぜられることとなる。

ところがその年六月、仲麻呂の後楯であった光明皇太后が崩御されることにより、仲麻呂の専権にも翳りが見えてくることになる。それは孝謙上皇との対立である。

その原因は道鏡にあった。道鏡は河内国の小豪族である弓削氏の出身であったが、天平宝字六年（七六二）四月、保良宮において病に罹られた孝謙上皇を治療して後、信任を得ることになったのである。五月、平城京に帰られた孝謙上皇は、国家の大事と賞罰を自ら行うことを宣言されるとともに、小僧都の慈訓を退けて代わりに道鏡を任じられた。これに対し仲麻呂は廟堂の強化を図り対抗しようとしたが、退勢は挽回することができず、ついに塩焼王を天皇に擁立して謀叛に及び、天平宝字八年（七六四）九月十八日近江において斬られるのである。淳仁天皇は乱に直接関係されなかったが、孝謙上皇との間に懸隔が生じており、仲麻呂の同類と見なされ、廃帝として淡路に移されることとなり、孝謙上皇が重祚されて称徳天皇となられた。

道鏡の皇位への野望

称徳天皇の下、道鏡は九月二十日、大臣禅師に、さらに翌天平神護元年（七六五）閏十月二日には太政大臣禅師に任じられ、政界の首班となつたが、その前後を通じて自らの勢力を固めるために弟の浄人を始めとする弓削一族や僧侶を重用し要職に配し、貴族抑圧政策を進めていった。殊にその中で注目されるのは武官の要職に一族が任命されてゐることである。軍事力の掌握は何時の世に於いても権力の掌握・維持に欠くことの出来ない事柄である。道鏡は自らの権力維持の方策を着々と進めていったのである。

翌天平神護二年（七六六）十月、隅寺（海竜王寺）の毘沙門像から仏舎利が出現したことを契機として、二十日、道鏡は法王に任ぜられた。法王とは仏法界の王（天皇）ということであり、その月料は供御（天皇）に準じ、正月には天皇と同じ儀式を行うのである。この仏舎利出現は基真という僧侶の仕組んだことであった。これが基真単独の計略であったのか、または道鏡の意向を受けたものであったのかは不明であるが、道鏡は少なくともこの出現を利用して自ら法王の位に昇ったことは間違いのないところであり、道鏡が皇位を窺う第一歩であった。そしてその翌三年＝神護景雲元年（七六七）三月には法王宮職が設置され、道鏡は法王として実際政治により深く関与し「政の巨細決を取らざる莫し」とまでいわれることとなる。

このような情況下、神護景雲三年（七六九）に入って九州は宇佐八幡の神託が、大宰《だざい》の主神《かむづかさ》の習宜阿《すげのあ》曾《そ》麻呂《まろ》によってもたらされた。それは、

　道鏡を天皇とすれば天下は太平となるだろう。

というものであった。これが道鏡が自らの野望を実現しようとして、宇佐八幡の神職や習宜阿曾麻呂

を使って仕組んだものであるのか、都の動静に敏感な八幡の神職の謀であったのかは明確ではないが、恐らくはその両者が相まって実現したものであろう。道鏡はこの神託を聞いて「深く喜びて自負」したという。

道鏡がシナの革命思想をどのように捕らえていたかは不明である。しかしかの天命思想が人々の間に受容されていたことは前述のとおりであり、天平宝字八年（七六四）十月十四日の称徳天皇の詔の中にも、

今皇太子を定めないのは、人が良いと考えても良いとは限らず、天が授けたのでない人は落ち度が出て破綻してしまう。皇太子の位は人から授かったり、力で競って得るべきものではない。やはり天が許して授けるべき人が他にあるであろうと思い、定めないのある。天皇の位を一人で貪って後継者を定めないのではなく、やがて天が授ける人が現れると思い定めないのである。

と、皇太子、即ち次の天皇は天の定め（命）による故にこれを決定しないということが述べられているのである。この天命思想が道鏡の皇位への野望とつながることは明白であろう。即ちここにいう「天命」が八幡神の神託に繋がるものであることはいうまでもない。道鏡が八幡神の神託を聞いて「深く喜びて自負」したということは、後に述べる彼の師であった路真人豊永の言と合わせて、彼が天命思想を受容していたと推定できるのであり、彼自らが天命思想を我が物としており、それを神託として実現させようとしたものであったと考えてよいであろう。

和気清麻呂と神託

ところが、この神託に対して深く悩まれたのが称徳天皇である。天皇は夢の中に八幡神使が現れて、天皇のお側近くに仕えていた法均を使いに乞うというお告げを得られた。天皇は法均に代えて弟の和気清麻呂を宇佐に派遣して神命を聞かしめられることとされた。道鏡は清麻呂を呼んで、

大神が使いを求められたのは、私の即位の事を告げる為であろう。良き神託を持ち帰ったら大臣にしよう。

と、恩賞を以て釣ろうとした。が、清麻呂は都を発つ際、密かに会った路真人豊永の、

道鏡が天皇になるならば、私はどうしてその臣となることが出来ようか。今日の伯夷となるだけである。

との言葉を、深く胸に秘め、「致命の志」(命懸けの決意)を懐いて宇佐神宮に詣でたのである。そこで受けた八幡神の神託は、

我が国は開闢以来君臣の秩序は定まっている。臣下を君主とすることは未だかつて無い事である。皇位には必ず皇統の人を立てよ。無道の人は早く払い除け。

というものであった。清麻呂はこれをありのままに奏したのである。清麻呂の奏上は道鏡の意に反するものであり、命をかけた奏上であった。果せるかな、道鏡は「大いに怒り」て清麻呂を処刑しよう

としたが、称徳天皇の計らいで、清麻呂は本官を免じて因幡員外介とされた。が、道鏡はそれでは気が晴れず、詔して清麻呂の齎らした神託は「己が作りて云ふ言を大神の御命《おほみこと》と借りて言」ったものであるとして、清麻呂を別部穢麻呂《わけべのきたなまろ》と改名して大隅に、姉の法均も還俗させて別部狭虫《わけべのさむし》として備後に流すこととしたのである。道鏡はそれでも飽き足らず、その途路を襲撃して殺そうとしたのであったが、雷雨のために果たせなかったという。

称徳天皇は道鏡の意向に従って清麻呂を流罪とはされた。しかしながら道鏡を皇位継承者とはされなかったのである。道鏡が自ら皇位に即《つ》くために利用しようとした天命思想は、この清麻呂の命をかけた復奏により打ち破られ、万世一系の皇統を頂く我が国の国体は守護されたのであった。

道鏡はその後も皇位に即く計略を続けたが、称徳天皇の認められるところとはならず、翌宝亀元年（七七〇）八月四日、称徳天皇が崩御になるや、廟堂は白壁王を皇太子に立て、道鏡は造下野国薬師寺別当に左遷され、宝亀三年（七七二）四月、任地で死亡し、一般人として葬られた。

一方、和気清麻呂と姉の広虫（法均）は、宝亀元年九月、配所より召し返されることとなり、翌宝亀二年（七七一）三月には本位に復せられることとなった。清麻呂は、その後、平安京の造営に努力し、延暦十八年（七九九）六十七歳で薨ずるや正三位を贈られ、幕末には正一位護王大名神の称号を与えられ、明治七年護王神社に祭られることとなった。

第六章　純忠至誠の人　楠木正成

はしがき

本年は後醍醐天皇による建武中興が実現してから六八〇年になる。その建武中興は、後醍醐天皇の、

世治まり　民安かれと　祈るこそ
我が身につきぬ　思なりけれ

という御製によって知られるように、天皇親政を実現することによって、国家・国民の平安を実現しようとされたものである。言葉を換えれば、神武天皇の建国以来の天皇政治の理想を実現しようとされたものである。その天皇の理想を実現せしめた第一の功労者が楠木正成である。そのことは六波羅探題が滅亡し、後醍醐天皇が伯耆船上山より還幸の途次、兵庫まで出迎えた楠木正成に対し、御簾を高く捲かせて近くに召され、「大儀早速の功、偏に汝が忠戦にあり」と仰せられ、京までの前陣を命じられたことによっても理解されるところである、果たして楠木正成とはどのような人物であったの

あろうか。

正成の登場

最初に述べたように、後醍醐天皇は日本本来の姿である天皇親政を実現する理想をもっておられた。しかし、その理想を実現するためには天皇の親政を妨害する鎌倉幕府を倒す必要があった。天皇はそのための努力を惜しまれず、一度は挙兵寸前までいったが、直前に計画は漏れ失敗に終わった。正中元年、西暦一三二四年の正中の変である。この時は日野資朝が全ての責めを一人で引き受けて、佐渡に流罪となるだけで、殆んど他に累は及ばなかった。

天皇は、この一度の失敗に挫けることなく、再度計画を進められた。が、二度目の計画も幕府の知るところとなり、幕吏の手は天皇にまで迫ってきた。為に天皇は急遽御所を脱出して笠置へ行幸になったのである。元弘元年、一三三一年八月の元弘の変である。

その笠置へ天皇のお召しに「弓矢取る身の面目、何事か是に過ぎん」と「是非の思案にも及ばず」直ちに参上したのが楠木正成であるが、『太平記』では後醍醐天皇が楠木正成を知られた切っ掛けを次のように記している。天皇は笠置に於いて有力な武士が参上しないのを心配されながら、少しまどろまれて夢をみられた。その夢は紫宸殿の庭先と思われる地に大きな常緑樹があり、葉が茂っているが、殊に南に延びた枝が茂っている。その下に大臣以下が並んでおり、南に向いている上座には畳が敷かれているが、座っている人はいない。天皇は誰が座る席だろうと不思議に思われている処へ二人の童子が前に進み出て、「あの席は天皇の為に用意した席です。」といって天上へ去って行った。そこで天皇は夢から覚められ、夢判断をされ、木に南と書くのは楠であるところから楠という武士を求められ、河内に楠木多聞兵衛正成なる武士のいることを知られ、直ちに召されたとしている。

天皇のお召しに直ちに参上した正成は「合戦の習にて候らはば、一旦の勝負をば、必ずしも御覧ぜらる可からず。正成一人《いちにん》生きてありと聞召され候はば、聖運遂に開かるべしと思食され候へ。」と頼もしく言上して河内へ帰り、赤坂に挙兵したと『太平記』は記している。

河内に帰り赤坂に城を築いた正成に対し、鎌倉から上京してきた幕府の大軍は、笠置が落城したところから全軍で以て赤坂城を攻撃してきた。正成は吊塀等の奇策で幕府軍を翻弄したが、城は俄か造りであり、兵糧が欠乏したために十月二十一日、城に火をかけ、自害したように見せかけて姿を晦ました。

千早籠城

赤坂落城後一年、正成は吉野に挙兵された護良親王と提携して、赤坂城の奪還を手始めとして、河内平野に進出していくのである。六波羅勢のみではそれを防ぐことができない。幕府は関東より二十数万の大軍を派遣してきた。正成は上赤坂城を本城として、自らは詰城としての千早城に籠城するのである。

幕府軍は三手に分かれて吉野・赤坂・千早を攻撃してくる。本城の上赤坂城は水源を止められ、元弘三年（一三三三）二月十五日、城将平野将監は降伏したが、約束に反して首を刎ねられた。また閏二月一日、護良親王の吉野城も陥落し、親王は高野山を目指して逃れられた。千早はまさに天下の孤城となったのである。その千早城に幕府軍は攻撃をしてくる。これに対して正成は種々の奇策を巡らして敵を翻弄していくのである。『太平記』には谷間の水を汲みに来るであろうと考え、待ち伏せする名越時有の手勢を翻弄したり、藁人形で敵を欺いたり、また梯子を造って城中に入ろうとするのに対して、敵が梯子の途中まで来たところを見計らって梯子を焼き多くを焼死させたなどの事が記されている。

しかしながら、赤坂・吉野攻撃軍をも合わせた幕府の大軍が千早に押し掛けているのである。「城の四方二・三里が間は、見物相撲の場の如く打ち囲んで、尺寸の地をも余さず充ち満ちたり」という状況は事実に感じられたところであろう。

旌旗《せいき》の風に翻て靡く景色は、秋の野の尾花が末よりも繁く、剣戟の日に映じて輝ける有様は、暁の霜の枯草に布けるが如く也。大軍の近づく処には、山勢是が為に動き、時の声の震ふ中には、坤軸須臾に摧けたり。此勢にも恐ずして、纔に千人に足ぬ小勢にて、誰を憑み何を待共なきに、城中にこらへて防ぎ戦ける楠が心の程こそ不敵なれ。

とは『太平記』の描写であるが、これは時の人のあまねく感じた所であった。後醍醐天皇は隠岐に遷幸され、幕府の監視下にある。護良親王の行方は知れない。赤松則村は挙兵したとはいえ、正成を救出するだけの力はない。まさに「誰を憑み何を待共なき」状態の中で幕府の大軍を一手に引き受けて戦ったのである。しかもそれは一日、二日のことではない。元弘三年五月、幕府が滅び、その囲みが解かれるまでの足掛け半年間にも及んだのである。「纔に千人に足ぬ小勢にて、誰を憑み何を待共なきに、城中にこらへて防ぎ戦ける楠が心の程こそ不敵なれ」とは真実の描写であった。

楠木正成は、幕府がその全力を出して攻撃するにかかわらず、それに屈することなく半年に及んだ。半年も攻撃しながら、一千早城を落とすことも不可能となれば、幕府の威信は地に落ちざるをえなくなる。しかも全国の武士が千早城攻撃のために出陣しており、地方の警備は手薄となる。正成はそれを予見して頑張ったのである。事実正成が籠城している間に各地に勤皇の武士の挙兵があり、天皇も隠岐を脱出され、遂に五月七日、六波羅探題は滅亡し、ついで二十二日には新田義貞の攻撃により、北条高時以下自刃し鎌倉幕府は滅亡するに至ったのである。

笠置参上の折の「正成一人《いちにん》生きてありと聞召され候はば、聖運遂に開かるべしと思食され候へ。」を正成は事実でもって示したのである。

無私の心

楠木正成の働きにより建武中興は実現した。しかし新政は恩賞を巡って混乱していった。それは

「二条河原の落首」に描かれた恩賞や所領の訴訟に奔走する人々の騒然とした姿や、北畠親房の『神皇正統記』の、

此比のことわざには、一たび軍にかけあひ、或は家子郎従にしぬるたぐひもあれば、「わが功にをきては日本国を給、もしは半国を給てもたるべからず。」など申しめる。まことにさまでおもふことはあらじなれど、やがてそれよりみだる、端ともなり、又朝威のかろがろしさもをしはからるゝものなり。

の一文によって察せられるところであるが、人々は皆自らの利を求め争い競ったのである。そのような中にあって正成は自らの利を求めることは全くなかった。先に兵庫における天皇の御言葉を記したが、それに対する正成の返答は、『太平記』には、

「是君の聖文神武の徳に依らずんば、微臣争か尺寸の謀を以て、強敵の囲みを出づべく候や。」と功を辞して謙下す。

と記され、その功を誇ることのなかった正成を描いているが、さらに正成の姿を彷彿とさせるのが「菊池武朝申状」である。「菊池武朝申状」は弘和三年（一三八三）に菊池武朝が吉野の朝廷に提出した菊池氏歴代の忠節を申し述べたものであるが、その中に、

然れば元弘一統の頃、義貞、正成、長年、出仕せしむるの日、正成言上の如くんば、元弘の忠烈は、労功の輩これ多しと雖も、いづれも身命を存する者なり、独り勅諚に依りて一命を墜せる者は、武時入道なり、忠厚尤も第一たるかと云々。此の条叡聴に達するの由、世以て其の隠れなき

者なり。

との一節がある。正成と武時は、河内と肥後と遠く離れており、会ったこともなかったであろう。その正成が朝廷の論功行賞の場に於いて菊池武時を「忠厚尤も第一」として推したのである。普通、事が失敗すれば逃げ隠れ、逆に成功すれば恩賞に預かろうとしてあらゆる努力をするのが人間の常である。建武中興時はそれが極端なまでに現れた時である。

人々が私利私欲に狂奔している時に、正成は自らの功を誇らず、一面識もなかったであろう菊池武時にその功を譲ったのである。正成に功を譲られた武時は、元弘三年三月十三日、九州探題北条英時を襲撃したが、共に挙兵を約束していた少弐・大友の背信により、父子一族の多くが憤死したのである。元弘三年三月といえば、天下の情勢がどのように展開するか、未だはっきりしない時である。そのような時に武時は天皇の命に従って九州探題を攻撃し戦死したのである。正成が「忠厚尤も第一たるか」と称した所以である。

七生滅賊

建武中興は人々の私利私欲と、それを利用して自らの野望を実現しようとした足利高氏の謀反により崩壊した。建武二年（一三三五）、北条時行の乱に際し鎌倉に下向した足利高氏は、その地で叛旗を翻し、その平定に向かった新田義貞を箱根・竹下の戦いに破り、一旦は京を占領したが、正成や新田義貞・北畠顕家の働きにより九州に逃れた。が、その地で体勢を挽回した高氏は、大軍で以て東上してきた。朝廷では義貞と正成をして兵庫においてこれを防がしめられた。

正成は戦死を覚悟して途中桜井の駅において十一歳になる正行《まさつら》に皇統護持の遺言をして河内へ帰らせ、自らは兵庫に出陣し、延元元年（一三三六）五月二十五日、太陽暦では梅雨明け間近かの蒸し暑い七月十二日、陸上を進んでくる五十万の足利直義軍と戦い、後少しで直義を討つ所まで行ったが、大軍に阻まれ、討ち取ることはできなかった。午前十時から午後四時まで戦い続けた正成は、残った手勢七十余人と湊川の北の小家に入り、弟正季と「七生滅賊」の誓いを残して刺し違えて戦死したのである。

日本人の鏡

正成の生涯は歴史の上に辿れる期間というのは僅かに六年間に過ぎない。しかし正成ほど日本歴史上大きな足跡を残した人物も他にはない。

戦死直後、『太平記』は正成を「智仁勇の三徳を兼ねて、死を善道に守るは、古より今に至る迄、正成程の者は未だ無りつるに……」と讃えたが、それは正成が先見の明を持つとともに、国家の本質を把握し、聖徳太子の教えである承詔必謹を実践し、皇統護持を実現せしめた無私の人柄であったことによるのである。

江戸時代に入ると徳川光圀による「嗚呼忠臣楠子之墓」の建立を始めとして、楠木正成を慕う人々が相次いで現れる。後醍醐天皇のために忠節を尽くした正成の心を自らの心として、足利高氏の謀反により崩壊した建武中興の復活に命をかけた人々の努力により、近代日本の出発点となる明治維新は実現したのである。その代表的な人物の一人は、吉田松陰先生である。松陰先生には「七生説」という御文章がある。その中で楠公、楠木正成は「初めより未だ嘗て死せざるなり」と述べ、それは「忠孝節義の人、楠公を観て興起せざる者なければ、則ち楠公の後、復た楠公を生ずる者、固より計り数ふべからざるなり。何ぞ独り七たびのみならんや」と記し、自らも楠公と一体であり、後に自らを観て興起する人もあろうかと述べ、処刑されるに際しては、

七たびも　生きかへりつつ　夷をぞ
　攘はんこころ　吾れ忘れめや

と楠公の意思の継承を表明されているのである。また「今楠公」といわれた真木和泉守保臣《やすおみ》、この方は久留米の水天宮の神主であったが、最後は元治元年（一八六四）の禁門の変に於いて、京都の西、天王山に於いて同志十六名と共に自害された方であるが、この和泉守が書かれた文章に「楠子論」がある。楠公の功績は皇統を護持するために一族全てが一命をかけることにより「萬世の道を存」した点にあるのであり、その功績は「天壌とともに窮まり無」いものであると讃えている。これらの人々の楠公を仰ぐ心が近代日本の出発点であり、日本本来の天皇を中心とした国家体制の明治維新を成就せしめたのである。

今日、平成維新を実現し、戦後六十余年に及ぶヤルタ・ポツダム体制を打ち破り、日本の正しい国家像を確立して行こうとする者の手本となるのも楠公、楠木正成である。今日我々は、この楠公精神を自らの心に植え付けて平成維新実現の為に努力して行かねばならない。尊敬する人物を持つ、是が自らの志を確立する上に最も大切なことである。我々は単に歴史上の楠木正成を知識として知るのではなく、楠公を理解し、楠公が何に命をかけられたのかを理解することにより、我々自身が楠公に続いていこうとする志を確立することである。

今日一般にはあまり意識されていないが、国家の本質にとり危機的状況にあるといってよいのが皇統の問題である。今から三十余年前に市村真一博士は楠公の立て籠もられた千早の地に於いて「君主制の擁護」と題する講話をされた。その中で君主制の弱点として、その連続性の維持を第一に挙げられた。則ち王位継承者の確保の問題である。今日の皇室典範では、皇位は皇族男子による継承となっている。この規定に従えば、数十年後に皇統断絶という問題を生じかねないのである。何故なら現在皇位継承順位第三番目におられるのが秋篠宮家の悠仁親王である。ところが悠仁親王の世代には他に男子の皇族はおられない。ということは他の宮家も存在しなくなるという事である。悠仁親王に多くの親王が誕生になればよいが、保証の限りではない。万一親王の誕生が無ければ皇統は断絶してしまうのである。今から数十年後に次の天皇陛下がおられないと慌てても手遅れである。その危惧を回避し、永遠に皇統を護持するためには、今できることは何か、また為すべきことは何かをよく考えなければならない。今日の日本には、二千年に及ぶこの日本が滅び去るのを心待ちにしている勢力が存在する。今日天皇制打倒を掲げて行動している団体は殆ど存在しない。しかし、本心は天皇制打倒を考えている団体は共産党を始めとして多く存在している。中には保守主義者の仮面を被って人々を誑かしている者もいる。またマスコミの中には皇室を誹謗中傷することにより、国民の意識を皇室否定の方向に仕向けようとしている者もある。そのような存在から、日本の生命である皇統を如何に護持して行くことが可能であるかをよくよく考え、共に努力して行きたいものである。それが大楠公の七生滅賊の精神、意思の継承である。

第七章　女性宮家に関する論点整理についての意見

はじめに

内閣府が発表した「女性宮家に関する論点整理」（平成二十四年十月五日）の具体的な方策として、「（Ⅰ）女性皇族が婚姻後も皇族の身分を保持することを可能とする案」の「（Ⅰ―A案）配偶者や子に皇族の身分を付与する案」「（Ⅰ―B案）配偶者や子に皇族の身分を付与しない案」と「（Ⅱ）女性皇族に皇籍離脱後も皇室の御活動を支援していただくことを可能とする案」が公表された。

「Ⅰ―A案」が最も妥当であると考えられる。が、その「Ⅰ―A案」にも問題があるが、先に「Ⅱ」及び「Ⅰ―B案」についてその問題点を述べることにする。

「Ⅱ」の問題点

皇籍離脱後の女性皇族に、公的立場を保持していただくという考えは、一般国民となられた方に対し、憲法上認められている職業選択の自由を奪うことになることから、法的に問題が生じるばかりでなく、幾ら元皇族とはいえ一般国民となられた方の活動が、皇族の御活動と同じく国民から歓迎される活動をなし得るか、逆にいえば、国民がその活動を今と同様に敬意を以て迎え入れるかどうかという点も考慮しなければならないのであり、これが実施された場合には、皇室に対する敬意が失われる恐れも考えなければならないのである。

また将来男性皇族が悠仁親王お一人になるのは自明のことであり、摂政、また国事行為代行者が必要になった時、その地位についていただけないのであり、皇族の地位を維持された方が皆無となる状態を招来するものであり、論外といわなければならない。

「Ⅰ―B案」の問題点

B案は皇族女子を当主とする宮家は創設されるが、その夫や子供は民間人とする案であるが、これは「論点整理」でも指摘されているように、家族内において身分の違いが生じてしまうことになり、夫婦別姓となる等一つの家庭を維持する上での障害が大きすぎると考えられる。

また皇族としての活動は、内親王しか行い得ないことになり、皇族の十分な活動に支障をきたすことにもなることから、容認できるものではない。

「I—A案」の問題点

A案はB案のような問題点は生じないのであり、夫婦共に皇族として活動していただける点は評価できる。但しA案にも大きな問題がある。それは女性宮家を一代限りの存在としている点である。

そもそも家というのは継続されるべきものであるが、A案ではその子供は結婚により皇籍を離脱されることになっている。確かに皇籍を離脱されても家は存続されるのであり、問題は無いように見えるが、問題は宮家の数である。将来悠仁親王に多くのお子様が生まれたならば現在考えられている女性宮家はその役目を終えることができるが、一人、二人のお子様しか誕生しなかった場合、皇族の数が少なくなってしまうのであり、皇室が十分な活動をなし得ない事になってしまう可能性が存するのである。それ故、創設される女性宮家は数代に渡り維持されることにしておく必要が存するのであり、それを否定するようなことを今の段階で規定してしまうことは将来に危険な状態を齎すことになってしまう恐れが存するのである。

「I案」を通じた問題点

今回の「論点整理」では女性宮家創設の対象は内親王に限定することになっている。つまり宮家創設は三内親王だけである。現在存在している宮家の数は五宮家であるが、これら五宮家の内で男子皇族のおられるのは秋篠宮家の悠仁親王だけであり、悠仁親王は将来天皇になられる方である。ということは、現在の五宮家を継承される男性皇族はおられないのであり、女性宮家が創設されたとしても常陸宮家と桂宮家は後継者がおられないから断絶してしまうことになる。また三笠宮家と高円宮家は女王しかおられないから、それぞれ結婚され、皇籍離脱となれば、この二宮家も断絶してしまうことになってしまうのである。一般の家ならば養子を貰って家を継承できるが、皇族には養子が禁止されているから断絶とならざるを得ないのである。すなわち将来は三宮家になるということになり、宮家は現在よりも減少してしまうことになるのである。これで皇族の十分な活動はできなくなる可能性が大きいのである。それを防ぐためには、女性宮家の創設は、内親王だけではなく、女王にも認める必要が存するのである。三笠宮家・高円宮家の五女王全てが宮家を創設されると宮家の数が多くなるというならば、新たな宮家創設ではなく、現在の宮家継承のために女王の中のお一人が当主となられるということにすることも可能であろう。そうすれば五宮家が維持されることになり、皇室の活動も現在と同様のことを行うことが可能となるであろう。

「論点整理」では「財政支出を抑制する」ために内親王に限定するとしているが、この内容では現状の皇室の活動を維持して行くことは不可能であり、「財政支出を抑制する」というのは口実であり宮家の減少、しいては皇室の消滅を謀るための「論点整理」とも受け取られかねないのであり、再考を願いたいところである。

第八章　近年の皇室関係報道への対処を考える
―「風流夢譚」事件請願運動を振り返って―

○

今から五十余年前の昭和三十五年十一月、『中央公論』十二月号に深沢七郎氏の「風流夢譚」という小説が掲載された。その内容は筆にするのも憚るような皇室の名誉を傷つけ、侮辱するものであった。（その一部は田中卓評論集1『愛国心と戦後五十年』に引用されているので参照されたい。）そしてこの小説に憤慨した一少年がこれを掲載した中央公論社の嶋中社長宅を襲撃し、夫人と見誤って女中さんを殺害するという事件まで起こったのである。

そのような中、「各地各方面の団体」により「皇室の尊厳をお護りするための法律制定に関する請願」運動が展開されたのである。日本学協会においては、「その趣旨に全面的に賛同し、この運動の推進に努力する」ことになったとして、雑誌『日本』第十一巻四月号（昭和三十六年）において、「皇室の尊厳をお護りするための法律制定に関する請願運動について」と題して、「趣意書」「請願運動実施上の注意事項」「請願書形式」及び二〇頁にわたる「請願の参考資料」を掲載している。

雑誌『日本』では「その趣旨に全面的に賛同し、この運動の推進に努力する」ことになったとしているが、実はその運動の中心として行動されたのが同学の方々であったのである。その証拠にすでに三月号の「今月の問題」において「本を正すことに努めよ」と題して「風流夢譚」が「人の道、社会の倫理を無視することの甚しきものである」ことを指摘し「これを正すことがないところに暴力事件の起こる根本がある」と述べ、次いで四月号の「今月の問題」において「皇室の生命を護れ」として皇室は国家の「頭脳であり、心臓なのである」として、これを護るために「ここに新たな法律の制定を必要とする」とし、「皇室の尊厳をきづつけようとするものに対して、これを処罰する法律の制定を、ここに強く望まざるをえない」と主張しているのである。しかもそれのみに止まらない。次いで野口恒樹長崎県立短期大学教授（後皇學館大学教授）の「『風流夢譚』と嶋中事件」の一文をも掲載しているのである。そして六月号「今月の問題」において「事態は解決されたか」として、四月二十九日の池田勇人内閣総理大臣の談話を取り上げ、首相が「（国民の）良識の裁きに待つ」として、告訴せず、事態の推移を見守り、再びかかる事態が起こらぬように期待すると述べた点について、「要するに何もしないといふことである。何もしないといふのであるならば、談話を発表しないよりもなほ悪い」と批判し、「国家の真の安定と発展のためには、国家の精神的秩序を確立することが第一である。皇室の尊厳を守らうとするのは、まさにこれがためである」と結んでいる。そしてさらに、八月号で川野克哉氏が編集部の名において「中間的な報告」として「日本再興の黎明―「皇室の尊厳をお護りするための法律制定に関する請願署名運動」の成果と展望―」が八頁にわたり記され、さらに「請願署名運動に関する各地の声」が七頁にわたり記載されている。しかもそれのみではなく「「風流夢譚」告訴とりやめに関する池田首相の談話について」として「日本の秩序を守る会」有志代表の田中卓氏（当時大阪府立社会事業短期大学教授、後皇學館大学教授）の「事態の深刻さを理解しないもの」と野口教授の「「国民の良識に待つ」といふことに対する疑問」が掲載され、池田談話に対する批判が展開されている。そして十二月号の「皇室の尊厳をお護りする為に―請願運動のその後の経過―」においてこの運動について総括し、一連の運動に終止符を打ったのである。

この運動に参加署名した人の数は三百万人にも上るとも伝えられている。前年安保改定をめぐって国家が二分する大混乱をした日本ではあったが、国家の中心である皇室に対する尊敬の念は強く、国民の良識の健在を証する事柄であった。池田首相はそのような国民の良識を利用して、自らの皇室の尊厳を護る責任を放棄したのであった。

〇

しかしそれより五十余年、皇室に対する尊敬の念は日々衰えてきているといっても過言ではない。国民は高度成長からバブル経済の崩壊、二十年にも及ぶ不況の中で、自らのことにのみ汲々として、国家のあるべき姿、皇室のことにまで真に念いを馳せることが無くなって来ているのが現状である。安倍晋三総理大臣は、組閣以来女性宮家創設に関する議論は封印をし、ひたすらアベノミクスという経済戦略のみを唱えている。そしてそのような中、皇室を誹謗・中傷するような記事が週刊誌を中心に横行しているのが現状である。一般国民は長年にわたりそのような週刊誌記事に晒されてきた。最初は記事の内容に驚いた国民も、繰り返し報道される内容に慣れてしまい、その当否を考えることもなくなり、皇室を念う気持ちも薄らいできているのが現状ではなかろうかといわなければならなくなっている。

特に、このような中、『週刊新潮』は六月二〇日号から三週にわたって皇室問題を特集した。その内容たるや実に驚くべきものである。六月二〇日号では「『雅子妃』不適格で『悠仁親王』即位への道」と題して悠仁親王即位へのための『皇室典範』改正の検討が宮内庁・内閣官房を中心に行われているとするものである。しかもそれは天皇陛下・皇太子殿下・秋篠宮殿下の間で合意されているというのである。宮内庁・内閣官房では直ちに新潮社に対し抗議をしたが、新潮社はそれを無視し二七日号においてさらに「『雅子妃』不適格は暗黙の了解、『千代田』の迷宮」と題して、雅子妃批判を繰り返しているのである。宮内庁はこれに対して再び抗議したが、全くこれに答えようともせず、七月四日号では、「皇后陛下の発言」なるものを持ち出して、さらに雅子妃批判を繰り広げたのである。その皇后陛下の発言なるものが間違ったものであることは皇后陛下自らが産経新聞『皇室ウイークリー』六月三〇日号に述べておられる。

『日本』七月号において久野勝弥編集長が、この新潮社の皇室記事に対して「皇室に関する憶測報道を憂慮する」と題する批判を述べられたが、今日の状況からいえば、単に誌上において批判を述べるだけで、能事足れりとする時では無いように思われる。かつて五十余年前に、当時の池田首相の談話により、その実現には至らなかったとはいえ、先輩たちの手によって行われた「皇室の尊厳をお護りするための法律制定に関する請願署名運動」を改めて展開する必要があるのではないかと痛切に感じるのである。

平泉澄先生のお歌に、

青々の子等　皆緋縅の　鎧着て　今日のいくさに　馳せ向ふらむ

がある。このお歌は、語句から想像すれば、大東亜戦争時に同学の出陣に際して詠まれたもののように見られやすいのであるが、実は、同学の先輩方が前記の請願署名活動に邁進して行かれる時、その前途を祝して詠まれたものである。そのことは一連のお歌の詞書に「昭和三十六年三～四月　皇室の尊厳を守る法律制定の請願の頃」と記しておられることにより明白である。すなわち、同学の先輩方が前記の請願署名活動に邁進して行かれる時、その前途を祝して詠まれたものである。平泉先生はあの請願署名活動を、嘗ての大東亜戦争と同様に国家の命運をかけた戦いとして先輩たちを鼓舞されたのである。そして先輩方はそれに応えて各地において国家の本質である皇室の尊厳を護持するために尽力されたのである。しかし残念ながら、請願運動は、例の如く通常国会末の与野党の駆け引きの混乱の中、審議未了で廃案となってしまった。が、先輩方の努力は、その後長く我が国の本質を支える力となってきたのである。しかしその先輩方の多くは既に鬼籍に入られてしまっている。

今日の皇室をめぐる問題は、女性天皇即位問題や女性宮家創設問題、さらにそれに関連する養子認知問題など「皇室典範」の改正に絡む問題が山積しているといってよい。しかし、それらについては種々の意見が存在し、容易に方向性を見出せないのが現状である。そのような中で、マスコミによる皇室に対する誹謗中傷が横行しているのが現状であり、それを阻止する法的根拠がないのが現実である。このことを考えた時、今改めて五十余年前に行われた「皇室の尊厳をお護りするための請願」の挫折が惜しまれてならない。いま、我々は改めて法律制定の運動を展開する必要があるのではないかと考えるのである。

天皇・皇后両陛下を始め皇室の方々は、国民の幸福を祈り毎日努力しておられる。ことに国民を思われる両陛下のお気持ちは国民の多くが感動を以て拝察実感しているところである。この国民の気持ちを政治に反映させ、一部マスコミによる皇室誹謗を阻止することは可能であろう。安倍首相をして嘗ての池田首相の如く自らの責任を放棄せしめないためにも、再び「皇室の尊厳をお護りするための請願」運動を展開するべき時であると確信する。『日本』読者の意見を拝聴したい。

なお田中博士の『週刊新潮』批判は同氏著『愛子さまが将来の天皇陛下ではいけませんか―女性皇太子の誕生―』（幻冬舎新書）第二部第九章「『週刊新潮』の怪スクープ事件」を参照されたい。

附記　最近のインターネットの普及の中、ネット上では種々の誹謗・中傷記事が氾濫している。これらをも合わせ取り締まる法律の制定は急務である。

著者略歴

堀《ほり》井《い》純《じゅん》二《じ》

昭和 23 年 2 月奈良県橿原市に生まれる
昭和 45 年 3 月皇學館大学文学部国史学科卒業
昭和 47 年 3 月皇學館大学大学院文学研究科修士課程修了（国史学専攻）
昭和 46 年 9 月より報徳学園高校勤務
平成 8 年 4 月より日本文化大学勤務、現在教授

主要著書

『日本の復活』（兵庫県教師会）、『建武の中興―理想に殉じた人々―』（錦正社）、『訳注報徳外記』（錦正社）、『欧米の世界支配と現代』（錦正社）その他 論文多数

〔現住所〕〠 252-0131 神奈川県相模原市緑区西橋本 1 丁目 20 － 12
ドラゴンマンション橋本十壱番館 406 号
電話 042-774-7759
携帯電話 090-9649-6741

日本消滅《にほんしょうめつ》―その防止《ぼうし》のために―

平成二十六年一月二十日　印刷
平成二十六年二月十一日　発行

※定価はカバーなどに表示してあります。

著　者　堀井純二
発行者　中藤正道
発行所　株式会社　錦正社
〒一六二―〇〇四一
東京都新宿区早稲田鶴巻町五四四―六
電　話　〇三（五二六一）二八九一
FAX　〇三（五二六一）二八九二
URL　http://www.kinseisha.jp/
印刷所　株式会社平河工業社
製本所　有限会社小野寺三幸製本

ISBN978-4-7646-0299-1